# お人持ちの法則

八島哲郎

# 序章

# 「やしまや」を救った『2つのS』

## ～昭和の『S』と、SNSの『S』～

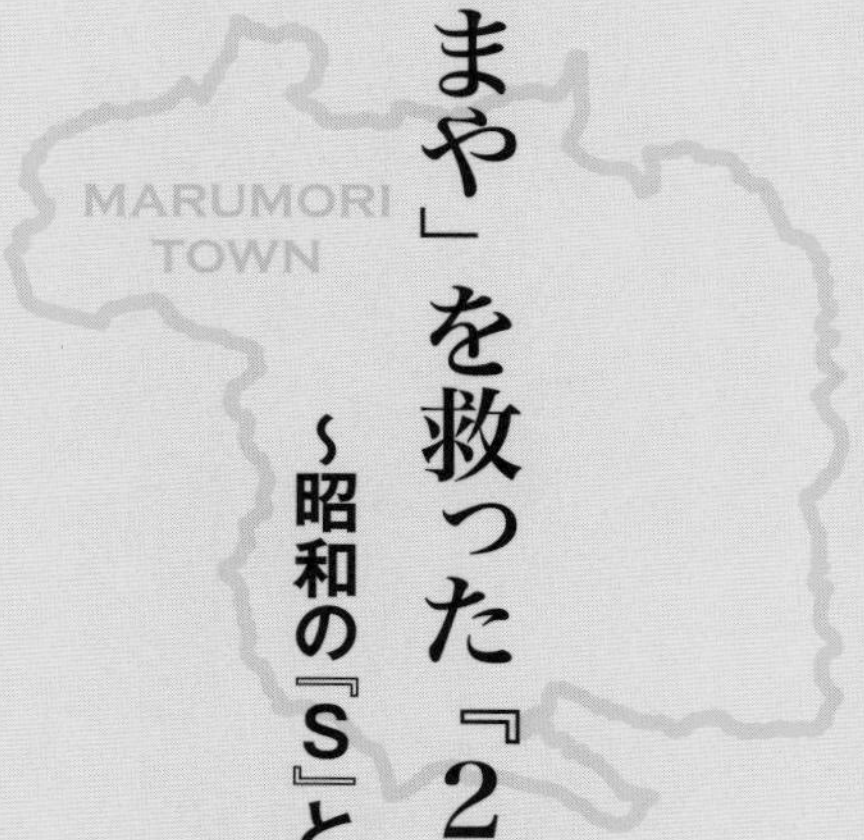

# 「やしまや」は昭和の店

あなたが生まれ育った町のことを覚えていますか。

お若い方なら、ご存じないかもしれません。

昔、昭和の頃の町並みにはどこも「八百屋」「魚屋」「肉屋」「豆腐屋」などの個人商店がありました。

買い物に行っては、その店の主人や、たまたま顔を合わせたご近所さんと会話をするのでした。

「魚は今日はこれがおすすめだよ！」

「おう、お父さん、元気かい？」

「この前うちの息子が入試に合格したのよ」

「そりゃあめでたい！コロッケ1個大サービス！」

「やっぱりここの大根が太くて立派で一番だねえ」

「大根の葉っぱ、佃煮にすると美味いよ！」

なんでもない会話です。
店の中にはワイワイガヤガヤと、いつも活気がありました。
今の買い物は、ひと言も発せずに済んでしまいます。しかも時代はキャッシュレスとセルフレジ。置き配も普及しました。それも時代の流れです。

私の店『やしまや』は、宮城県の丸森町にあります。福島県との県境に接し、町を阿武隈川が流れています。
その川沿い、耕野地区というところに

**「ポツンと一軒店」。**

それが『やしまや』です。町の人のための食品や日用品はもちろん、地元農家による産直品や宮城県のお土産品も扱っている、ちょっとした「いなか道の駅」といったところでしょうか。

『やしまや』を、ひとことで言うなら**「昭和の店」**。

買い物に来てくれたお客様には、お茶や漬け物をお出しします。店内の椅子やテラスに腰かけて、お客様となんでもない世間話をします。

それを「心地よい」と感じてくれるお客様が集ってくれるようになりました。

私の母や妻、私も、ついつい話し込んでしまうので、みなさんすぐには帰りません。

他愛のないおしゃべりと、ゆったりした時間。

「ここには昭和が残ってるねえ」

なんて言ってくださるお客様が、町内だけではなく遠方からお越しくださっています。

## 床上浸水1・6メートルの台風被害

申し遅れました。私は『やしまや』店主、八島哲郎と申します。

昨年還暦を迎え、現在61歳です。

いまお話しした『いなか道の駅　やしまや』は、昔のよろず屋から始まって130年。

# 序　章

私が八島家の四代目当主となります。店は親子3代の5人で切り盛りしています。また、タケノコと柿を大事に育て、生産している農家でもあります。正真正銘、田舎のオヤジです。

そんな私は、限界集落の片隅で家族とともに、お客様との交流と、農家としての生活をささやかに楽しく送ってきていました。

私は、ほぼ毎日、Facebook の投稿をしていました。日常のようすや、お店の情報など、他愛もないことですが、毎日です。

ところが、令和元年10月12日。台風19号が私の住む丸森町を襲いました。

後に言われる**「令和元年東日本台風」**です。

40年ぶりに全国で死者100名以上の被害を出してしまった、大変な災害です。

私の住む丸森町は阿武隈川などの氾濫による水害、土砂災害で、10名の方がお亡くなりになりました。

今も町の至る所に爪痕は深く、引き続き町をあげて復興に取り組んでいます。

その10月12日当日、台風19号が近づく中、私は、昼間、仙台駅での催事販売に行っていました。

その様子もFacebookに投稿していました。

しかし帰宅して夜6時ごろからは、阿武隈川上流の水位をチェックし始めました。その時はまだ普段と変化はないようでしたが
「もしや!?」

と胸騒ぎがしていたのです。

後から詳しくお話ししますが、私の生まれ育ったところは**何百年も前から阿武隈川の氾濫がくりかえし起こってきた場所で、私自身もこれが十回目の浸水経験**でした。

そんなこともあり、予め浸水に備えて倉庫から物を運び出し始めました。

## 序　章

ところが、夜9時すぎに1本の電話が入ったのです。

「近所の家が土砂崩れにあったようだ」

私は消防団員でもあるので、自分の作業の手を止め、すぐ救助に向かいました。

その家に到着するとご家族が

「おばあちゃんが見つからない！」

と、いうのです。

おばあちゃんの名前を必死に呼びました。でも見つかりません。

足元には激しい雨とごうごうと流れる濁流が迫ってきます。

このままでは危ない。二次災害を防ぐため、おばあちゃん以外の家族3人を連れて、私は自分の店まで避難しました。

その後、電話もつながらなくなってしまったので、私は直接区長さんのところに車で報告に行きました。

その帰り道のことです。

突然、道の前方、私の目の前で左の山から土砂崩れが起こったのです。

**あと3秒早くそこを通っていたら、命はありませんでした。**


そして。

店の目の前を流れる阿武隈川がついに氾濫します。

夜10時ごろには、店の前の国道３４９号線が冠水しました。

ついに、夜中の1時には、その道から10数段上がった高台にある店も浸水したのです。


年老いた母は自宅で一人、私たちの帰りを待っていました。

ですが、外に出ることはもうできません。

自宅はもっと高台でしたが、そこまで水が来ないとも限りません。

どうか、自宅までは水が行かないようにと祈りながら、私と妻と、救助した家族３人は、店の2階の柿干し場で、やりきれない思いで夜を明かしました。

ようやく水が引き、路面が見え始めたのは、丸一日たった、翌日13日の夜9時ごろのことです。

階段を降りて、店の中に入ってみると、そこらじゅう泥だらけ。商品も什器も、めちゃめちゃになっていました。

そして**壁の床上1・6メートルのところにしっかりと泥跡**がついていました。そこまで水が上がっていたことを示しています。

大変な事になった。

私はその日はとてもFacebookを更新する気になれませんでした。

## 消息を心配してくれた友人

丸森町で大きな被害があったらしい。

そのことは東北地方内でも大きなニュースになっていました。

「八島さんの投稿がない」

そう気づいた友人がいました。仙台の漆山喜信さんです。

漆山さんは10月14日、仙台からバイクで丸森町に向かってくれました。通常なら2時間ぐらいのドライブコースですが、なにしろ台風で道路は寸断され、道は川と化し、岩が転がっています。

来た道を戻り、また回ったり、何度も引き返しながら、いつもの倍の時間をかけて、たどり着いてくれました。

車では到底来られない道でした。

そして漆山さんが、私の生存を確認してくれました。

そして私の代わりに、Facebookの仲間に知らせてくれたのです。

「八島は生きている」

「この道は通れる」

「今は水が足りない」


ＳＮＳに『やしまや』の床上浸水被害についての情報が上がるようになり、それをお客様が知るところとなりました。

すると、ＳＮＳを見たお客様が、だんだんと、復旧のお手伝いに駆けつけてくださるようになったのです。

それは、その後1ヶ月半も続き、のべ１５０人のお客様がお手伝いしてくださいました。

そして、お客様のおかげで、店を再開させることができたのです。

**もし『やしまや』が「昭和の店」じゃなかったら。**

「ふーん、丸森大変だなあ」

で読み飛ばしていたはずです。

少なくともこれほど多くのお客様に支えていただくことはできなかったと思います。

これが、この序章のタイトルでもある

**「やしまや」を救った『2つのS』**

つまり、

**昭和の『S』と、SNSの『S』**

です。

# なぜこの本が生まれたのか

２０２２年に私は還暦を迎え、八島家も１３０周年の節目になりました。

私はその時
「あの時、お客様に助けられたことを、家の当主としてちゃんとまとめておきたい」

と思いついたのです。

この本を出版する。その夢の始まりでした。


それから私は、Facebookや、店のブログなどに、八島家のこれまでの歴史や、あの災害の時にどんな応援をしてもらって、あの時自分は何を感じたか、書きためていくようになったのです。


しかし、出版社に相談をすると、こんなことを言われてしまいます。

「家族の物語や記録だけでは、ご家族と関係者しか読まない本になってしまいます」

たとえ無理やり出版しても、店でホコリをかぶって、やがてゴミになる・・・
そんな現実と向き合わなくてはなりませんでした。

自分の名前を売りたくて出版したいんじゃや、もちろんない。
お世話になった人のことを記録しておきたい。それはもちろんある。
でも、それだけか？

あの時感じたこと、それは「人情」と呼べるような、そんな簡単なものではなかったはずです。

それは、人と人の間にしか生まれない「ぬくもり」のようなもの。
昭和のあの頃に、確かに人が感じあっていたもの。
そして、おそらくこれからの日本に、絶対になくしてはならないもの。

自分はそのことを、伝えたいのじゃないだろうか・・・

そうはいっても、山奥でタケノコと柿作って、小さな店やってる田舎のオヤジの話に、いったい誰が耳を傾けてくれるだろう?

そんな弱気な思いがよぎった瞬間、それを吹き飛ばすほど、心の奥底から
「伝えたい!」
という、燃えたぎるような気持ちが生まれてきたのです。
それが私の想いの「本質」なのだと思いました。

この本を手に取ってくださった皆様も肌で感じていると思いますが、これからの日本はもうどこも安全だとは言えないほど、どこでも災害が起きる可能性があります。
おだやかな日常がある日突然壊れます。
ライフラインが途絶え、家が壊れ、仕事が奪われ、人の命が失われ、未来がまったく

見えなくなってしまう。

そんな時、私はお客様に救われました。

人と人との間に生まれる「ぬくもり」に救われたのです。

いま、この時代になんとしてもそのことを多くの人に伝えたい。
おこがましいこととは思いますが、私自身が体験してきたことをわかりやすく伝えることができれば、読んでくださる方の何らかのヒントにしていただけると思ったのです。

## お人持ちの法則⁉誕生

出版したい本は「八島家の歴史」では決してない。

多くの方に「自分ごと」として手に取っていただける本にするにはどうしたらいいか。

私はその事をずっと考えていました。

そんなある日、復旧を手伝いに来てくださったお客様に言われた言葉を思い出したのです。


「八島さんは、**お金持ちじゃなくて、お人持ちですね**」


そうか。確かに自分はお金持ちではないけど、困った時にたくさんの人が助けてくれた。

そしていつも、この「やしまや」には、笑顔が集まっている。

間違いなく、「人に恵まれている」ことなら、胸を張れるだろうと思いました。

「お人持ち」か。

いい言葉だなあ。そう思ってネットで検索してみました。

何人かのかたが、ブログなどでお使いになっていましたが、特にどなたかの名言というのは特定できませんでした。

それでこの本を「お人持ちの法則」と名付けることにしたのです。

私は、この丸森町で、自然の厳しさと闘いながら、商店を営み、周りの方々に支えられながら一生懸命生きてきただけの人間です。

その生き方を「法則」としてお伝えするのは、いささか気が引けますが、読んでいただく方に、何かしらの元気とヒントをお伝えできたら、と思っています。

私も肩ひじを張らずに、経験したまま、思うままを綴ることにします。

どうぞ、「やしまや」の椅子に腰かけて、お茶でも飲むような気持ちで、気楽に読んでいただけたらと思います。

2023年10月　八島 哲郎

もくじ

# 第一の法則

# 生まれた郷土《さと》と生きる

# あなたに郷土《さと》はありますか？

突然ですが、あなたは今、自分の生まれた故郷で暮らしていますか？
それとも遠く離れたところに住んでいますか？

郷土《さと》には、親・きょうだい・親戚が住んでいますか？
それとも、もう誰も、そこに暮らしてはいないでしょうか。

今の日本では、多くの人が自分の郷土《さと》から離れています。

進学や仕事がきっかけで離れるケースが多いのだと思います。
私が住む宮城県丸森町《まるもりまち》耕野《こうや》地区も、若い人がどんどん町を離れて行きました。ご多分にもれず**少子高齢化のトップランナー**、いわゆる**限界集落**です。

かくいう私も、高校卒業後に東京へ出ていましたが、祖父が亡くなり「帰ってこい」の号令で、20歳で帰ってきました。

私の家は、田舎のよろずやから始まった商売を切り盛りし、私で四代目になります。

私は

「家業を継ぐ」

という自分の『宿命』を受け入れたからこそ、今ここにいるわけです。そしてこの町で結婚して子どもを育て、この町でずっと暮らしています。

他の生き方を選ぶタイミングはなかったのか？

今となっては想像すらできません。

私が生まれたこの郷土《さと》には、私の仕事と家族、そしてお客様、仲間、すべてがあります。還暦を過ぎて、これらの大切なものと一緒に**ここで生きていられることのありがたみ**を、ひしひしと感じます。

しかし、一方で世の中に目を向けてみると、郷土《さと》から遠く離れている人がたくさんいます。

年老いた親がひとりで暮らしている、という人もいるでしょう。

いつかは帰りたいけれど、今は都会で仕事をがんばっている、という人も多いですよね。

あるいは、ふるさとと言えるような場所はないという人も、少なくないかもしれません。

たとえ帰る場所がもうなくても、誰もいなくても。

自分の「郷土《さと》」に想いを馳せることは、私はとても大切なことだと思っています。

それは、**自分のルーツに繋がる**ように思うからです。
もしかしたら今の自分が抱えている課題の答えが、そのルーツの中に潜んでいるかもしれません。

なにしろ人は、必ず二人の人間の間に生まれ、先祖の誰か一人が欠けても今の自分は誕生していないのですから。
郷土《さと》には、自分のＤＮＡが呼応する何かがあるように思うのです。

そして、都会で生まれようが田舎で育とうが、誰の心にも、**生まれ育った場所の風景**というのはおぼろげながらでも残っているのではないでしょうか。

今のあなたに「郷土《さと》」と言える場所があるのなら、ぜひその風景を心に思い浮かべてみてください。
はっきり浮かばなければ、似たような景色でも構いません。

そして、何も思い浮かばず、行く所もなく、もしあなたが昭和の生まれなら。

ぜひ、私が暮らす**宮城県丸森町に、一度お越しになってみてください。**

「ここには昭和が残っている」

と言われるような田舎町です。

なんにもない、と思われるかもしれません。確かにあるのは、山の緑と川のせせらぎ。山の中を走る、曲がりくねった細い道。

それでも、ここへ遠方から訪れてくださるお客様がたくさんいらっしゃいます。うちの店で私とお茶を飲みながら、言ってくださいます。

「まるで、ふるさとに帰ってきたようだ」

そう言って微笑んでくださると、私も非常に嬉しい気持ちになります。

**あなたに郷土《さと》はありますか。**
**そこは、帰りたい場所ですか。**

いそがしい毎日の中でも、時々は、そう心に問いかけてみてはいかがでしょうか。
そこから、今の自分に必要な何かに、気づけるきっかけがつかめるかもしれません。

## 大地が震え、水があふれても

そんな私の郷土《さと》ですが、実はこの40年の間で、10回も浸水被害を経験しています。

私の家は、阿武隈川の川沿いに位置しています。

普段は穏やかで雄大な表情を見せてくれる阿武隈川は、私たちの丸森町のシンボルでもあります。

ここへ来た方が、辺りをキョロキョロ見回して

「で、どこの川が溢れたんですか?」

とお尋ねになることがあるのですが、そのぐらい、いつもは穏やかな川です。

しかし、ひとたび大雨によって氾濫すると、私の家のあたりの「狭窄部《きょうさくぶ》」という地形の特徴もあり、水位が一気に数十メートルも上がって水が押し寄せてくるのです。

新緑の阿武隈川

令和元年東日本台風で床上 1.6 メートルの浸水をした時

何度となく浸水を経験してくると

「一体、なんでわざわざこんな所に家を建てて住んだんだろうなあ」

と、ご先祖さまの選択にひとこと言いたくなる気持ちも生まれたものですが、そのことは47ページからの「第二の法則」で詳しくお話ししようと思います。

また、丸森町は福島県との県境に位置します。

平成23年3月11日に発生した東日本大震災でも被害を受けました。

丸森町は内陸部なので津波被害はありません。沿岸部の被害があまりに甚大だったために、内陸部の被害は全国的には大きく報道されなかった印象ですが、丸森町も家屋の倒壊など大きな被害がありました。

もっとも深刻だったのは、福島第一原発の事故による放射能被害です。
私の生業であるタケノコも出荷制限を受け、辛い思いを経験しました。

大地が震え、水が溢れる。
こんな場所でなんで暮らすのか。

がんばって積み上げてきたものが、一瞬で流されたり壊される。
そんな経験をしてまで、なんでここで暮らすのか。

そんな自問自答をしたのも、一度や二度ではありません。

実際、やれる対策はやってきたつもりです。自分の代では、自宅を敷地内のできるだけ高台の場所に建てました。また、「やしまや」の店も平成22年に2・5メートルカサ上げをして移築しました。

しかし、それでも、水害は襲ってきました。
そんなことがあってでも、なんでここで暮らす？　と言われたら。

そこに論理的な理由などありません。

**ここが生まれた郷土《さと》だから。**

それ以外に言葉が見つからないのです。

この本を開いてくださった皆様の中にも、自分の郷土《さと》にさまざまな感情を持っている人もあるでしょう。

私と同じように、災害の起こりやすい場所だったり。
冬の寒さと雪に悩まされたり。

交通の不便さがあったり。

人間関係に由来する居心地の悪さがあったり。

過去の嫌な思い出があったり。

そういうネガティブな部分を避けて、郷土《さと》へ帰ることを拒んでいる人も多いかもしれません。


でも、こんな私から、あえてお伝えするとすれば、それでもそこはあなたの郷土《さと》です。

そこには、**今のあなたに脈々とつながってきた人々がいたはず**です。


今のあなたがここに生きて立っている。それを形成してくれたのが、郷土《さと》なのです。

そう考えると、もう帰る場所ではなかったとしても、心の中に大切にしまっておくことができるのではないでしょうか。

生まれた郷土《さと》に生きる私にとっては、若い人たちが都会に羽ばたいていき、もう帰ってこなくなることは、まぶしくもあり、寂しくもあります。

河原で石を拾って水切りをして遊んだ日。
釣り糸を垂らしながらボンヤリ空を見上げた日。
友達と校庭を裸足でかけっこした時に見上げた、木造校舎を赤く染める夕焼け。

これは私の幼き日の情景ですが、あなたにもきっと、一つでも、そんな懐かしい光景があるのではないでしょうか。それをどうか忘れないでいて欲しいと、願うのです。

どんな場所であっても、郷土《さと》を忘れない。

心にその気持ちを持つことは、自分の源泉とつながり、自分の自信の礎になると、私は信じています。

阿武隈川の雪景色

## 限界集落からの挑戦

さて、皆さんの郷土《さと》に想いを馳せていただいたところですが、いっぽうで私の郷土《さと》は「限界集落」でもあります。

限界集落というのは、人口の50％が65歳以上の高齢者となった集落のことをいいます。

過疎化や少子高齢化が進んだ結果、**農業用水や生活道路の維持管理、冠婚葬祭などの共同生活を維持することが、もう「限界」**に近づきつつあるという意味です。

この問題は、私の郷土《さと》に限らず、どこの都道府県・自治体でも抱えていることです。限界を超えたら、やがて危機的状況に陥り、最後は消滅集落となります。つまり人口ゼロです。20年後には消滅すると予測されている自治体も多数あります。

日本中がこんな問題を抱えているなかで、ひとことで「生まれた郷土《さと》で生きる」と言っても、並大抵なことではありません。

まず仕事がありません。あっても先細りは確実です。高齢化は進む一方で、働き手もいません。

たとえ、生まれた郷土《さと》に帰ろうとしたところで、現実的に突きつけられるのはこの問題でしょう。

さらには、車を運転できなくなったらどうするのか、病気になっても対応できる病院は何十キロも離れている、など生活の不安は山積みです。

行政も、がんばって何とかしようとはしていますが、人口が減れば税収も減り、財政もひっ迫します。

自治体そのものが破綻してしまうことも、今後は珍しいことではなくなると言われています。

日本全体が少子高齢化に向かいながら、**人口はこのまま都会に集中**していくのでしょうか。

私は、田舎に帰れと言っているのではありません。

現実的にたくさんの「無理」を抱えていることは、私自身も実感しています。けれども、一人ひとりが、今よりもっと「郷土《さと》」に目を向けることが大切なのではないかと思っています。

都会に暮らす人が、なんなら自分の郷土《さと》ではなくとも、そうした「限界集落」と言われる場所に興味を持ち、関わりを持ってもらえたら。

先細りしていくだけの集落に、明るい灯がともります。

小さい灯でも、それは希望になり得ます。

「ここには昭和が残っている」

私の店「やしまや」に来られた多くのお客様に、そう言っていただきます。それはつまり、

**人と人が関わり合って生きる。助け合って生きる。**

**共同体としての「隣組」**の姿が残っているということだと思います。

しかし、考えてみれば、いま生きている人の記憶にあるのが昭和の時代だから「昭和が残っている」と言われるのであって、実は、江戸時代も、鎌倉時代も、それよりもずっ

と以前も、民衆はそうやって互いに助け合って生きてきました。

それが、平成・令和という、これまでにない時代の変化スピードの中で、いつの間にか、人と人との温もりを感じにくくなった。

そして、それを寂しいと感じている人が、まだ沢山いるということなのではないでしょうか。

限界集落にそれがまだ残っているならば。

私たちの郷土《さと》にも、まだ求められるものが残っている。

まだ消滅しないうちに。「限界」であるうちに。

限界をどうにか逆向きに突破できないだろうか。

私はそんなことを考えながら、挑戦を続けています。そのことは157ページ「第五の法則」で詳しくお話しします。

いずれにしても、そんな大きな目標を掲げたところで、自分ひとりでできることはたかが知れています。

いつでも、支えてくださるお客様や、仲間の皆の力を合わせて、知恵を絞りながら、ひとつひとつ事にあたっていくだけです。

## お人持ちの法則
## 第一の法則
## 生まれた郷土《さと》と生きる　まとめ

◎心の中の「郷土《さと》」を大切にする

◎自分のルーツは、生まれた郷土《さと》にある

◎限界集落に残された「良さ」に目を向ける

# 第二の法則

# 家族と先祖に感謝して生きる

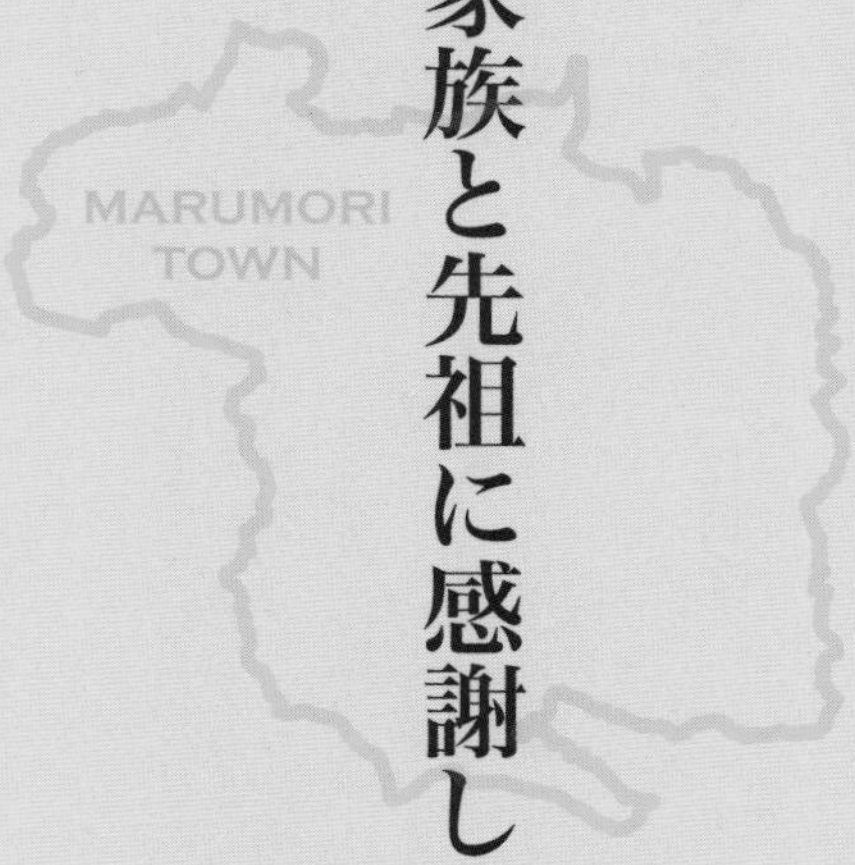

# やしまやは「百年企業」？

第一の「お人持ちの法則」は

**生まれた郷土《さと》と生きる**

という、あたりまえにやっている人にとってはあたりまえの事であり、一方で、そんなこと考えたこともないという人にとっては
「なんだ、そんなこと？」
と思うようなお話だったかもしれません。

けれども、自分がなぜここに生きているのか、自分には何ができるのか、人生の局面で自分自身に問いかけることが、誰しもあると思います。
そんな時に
「自分のルーツに目を向ける」
ことで、課題解決のヒントをつかめることもあるのではないか？ そんなことをお伝え

しました。

第二の法則では、わが家の話で恐縮ですが、まずは八島家のルーツについて、お話しようと思います。

私の先祖や家族についてお聞かせすることが、この本を開いてくださった方にとって何のメリットになるのか？と思われるかもしれませんね。

八島家は、明治25年に分家して１３０年となりました。初代「八島梅次郎」の妻「けん」が、商い好きだったことから「よろずや」を始め、現在に至ります。私が四代目当主です。

このことについて
「やしまやは**百年企業**だね」

と言ってくださる方があります。

百年企業は、その名のとおり、創業百年以上続く会社のことです。

現在の日本の会社は、起業して1年で6割が潰れるといいます。

また、**企業の10年生存率は1割。つまり9割の会社が10年以内に廃業**していきます。

そんな中で近年、キラリと光る会社の多くが「百年企業」を目指して、持続可能な経営や、時代のスピードに素早く対応できる体質づくりなど、次々と新たな手で会社を変革していっています。

「百年企業」とは、そういう志のある企業のスローガンとして、近頃よく使われる言葉なのです。

また、世界的にみても、日本には百年企業がとても多く、全世界で創業百年以上の会社は8万社ありますが、そのうちの4割に当たる3万3千社が日本企業なのだそうです。さらに創業二百年以上においては、実に6割が日本企業だということ。

日本は、圧倒的な**長寿企業大国**なのですね。

それにしても、この百年、世界でどのようなことがあったかと言えば、自然災害、流行病、戦争、戦後の高度成長とバブル崩壊、近年では新型コロナウイルスなど、挙げればキリがないほど色々な問題が起こっています。

このような社会問題から経営難に陥ってもおかしくない状況を何度も乗り越えてきたのが、今の「百年企業」なのです。

さて、私の「やしまや」は、それらの素晴らしい会社と肩を並べるには、とてもとても小規模です。
しかし、百年企業には、ある共通点があるといいます。それは

**1．流行に対応できる**
**2．経営理念がある**
**3．地域密着型**
**4．親族経営が9割**
**5．顧客との信頼関係がある**
**6．経営理念を継承している**

なるほど、そう言われれば私のところは、「地域密着」と「親族経営」については、

好むと好まざるとにかかわらず、そのとおりです。

流行に対応できているかはわかりませんが、ＳＮＳは活用していますし、新しいことにチャレンジするのも好きです。

顧客との信頼関係については、まさにこの本「お人持ちの法則」のメインテーマであり、私はいつも素晴らしい人達に囲まれています。

こうして考えてみると、たいへん手前味噌ですが、八島家の１３０年について改めて振り返ってみることによって、読んでくださる方にも

「そういえば、うちにもこういうエピソードがあったなあ」

と思っていただけるのではないかと思うのです。

そして

「自分の家のことも調べてまとめてみようかなあ」

と思っていただけたなら、それがたとえささやかなものであったとしても、まさに**親から子へ、子から孫への理念の継承**となるのではないでしょうか。

八島屋商店　１９７５年

現在の「いなか道の駅やしまや」

初代・八島梅次郎

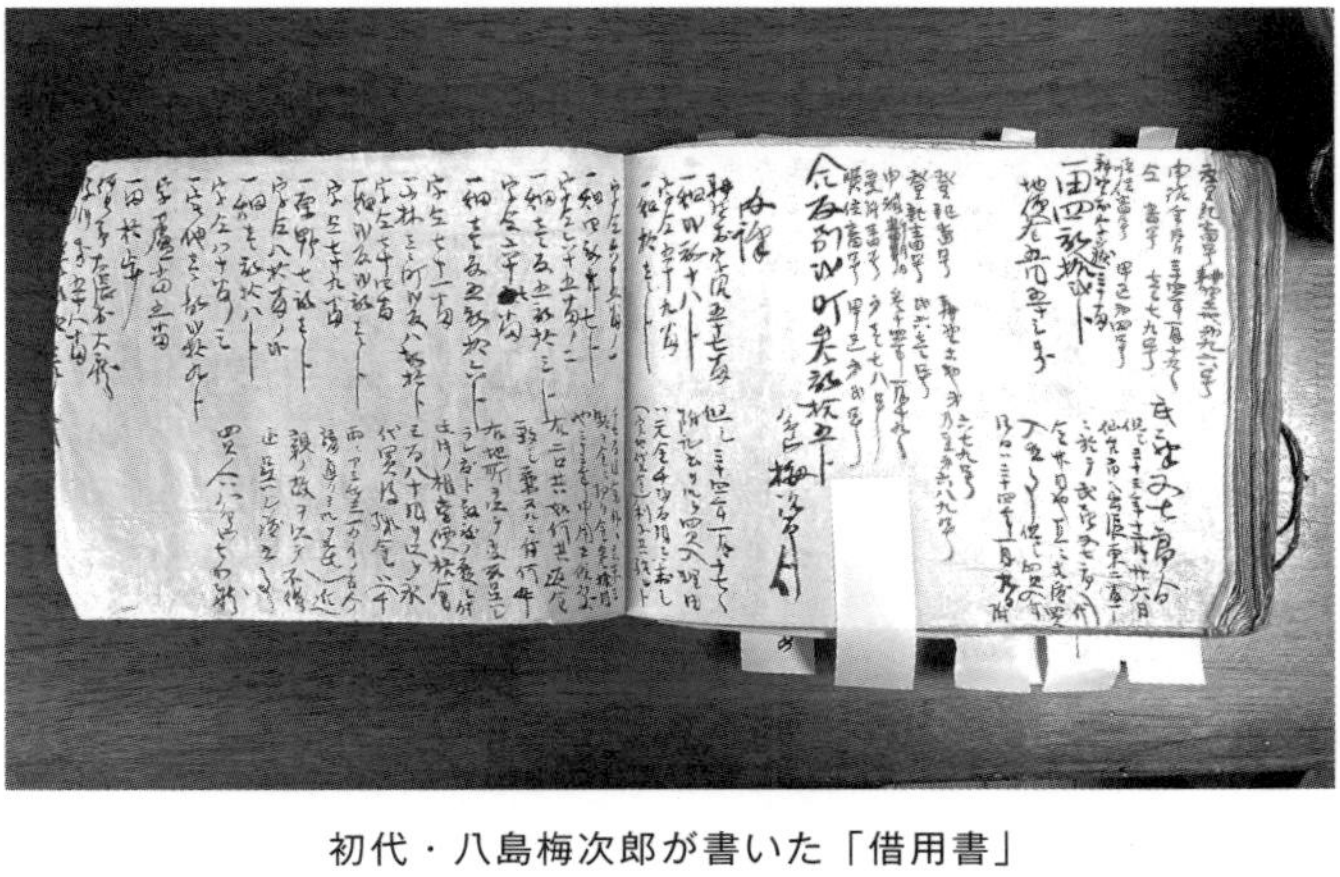

初代・八島梅次郎が書いた「借用書」

## 梅次郎の借用書

八島家が、丸森町耕野地区の中屋敷《なかやしき》というところにある本家から分家したのが、明治25（1892）年12月31日です。

初代・八島梅次郎は、私の父が生まれる前に亡くなっていますので、詳しいことがわかりませんでした。そこで、本家の家長に、分家近辺の八島家のことを改めて聞きました。

八島家のルーツは、壇ノ浦「屋島の戦い」で敗れた**平家の落武者**だそうです。忘れないように「八島」を名乗ったということです。

八島家のある丸森町耕野地区には、平家の落武者を祖先に持つという家が多くあります。

平家落人伝説の地として有名なのは、栃木県の日光、福岡県の糸島、高知県の越知などですが、実は日本全国に点在しており、主に人里離れた山間部に多いそうです。

まさに私の郷土《さと》は、人里離れた山間部。

隠れるには格好の場所です（笑）。


はるか壇ノ浦から、この寒さ厳しい東北の山あいまで逃れ、人目を忍んで暮らしていたご先祖様を思うと、歴史ロマンを感じずにはいられません。


そして時は流れ、八島家分家初代・梅次郎。

梅次郎は「気の効いた爺さんだった」と言います。


それにしてもなぜ、わざわざ忙しい大晦日に分家したのか？疑問が残ります。

何かその日でなければならない理由があったのか。どんな経緯で分家に至ったのか。

今となってはまるでわかりませんし、些細なことではありますが。

それでも「なんでだろう？」と色々と想像を巡らせると、**当時生きた人たちの息づかいが聞こえてくるよう**で、ご先祖さま達のことがどんどん身近に感じられるのです。


梅次郎は、村会議員を務めていたそうです。

また、本家の父・宇一郎は戊辰戦争の時は、狙撃隊の第一小隊長だったと言います。

宇一郎は、明治22年に市町村制が施行された時の、初代村長でもありました。

そして、梅次郎についてわかっている特徴として本家の家長が教えてくれたのが
**「筆の字が上手だった」**
ということです。

字がうまい？　どうしてそんな事が伝わっているのだろう？

聞くと、こんな答えが返ってきました。

「借用書の文字が達筆だったから」

私は笑ってしまいました。

その借用書が残っています。確かに達筆です。（写真56ページ）

結局、千両が返せず、土地を没収されたのだそうです。その土地は二代目、三代目が働いて買い戻しました。

しかし、私はそこで、はっと気がついたのです。

借用書があるということは、梅次郎に金を貸してくれた人があるということです。しかも千両。

調べると江戸時代の「1両」の価値は13万円。ということは、**1億3000万円ものお金を借りた**ことになります。とんでもない金額です。

勝手な解釈をすると、私の先祖の梅次郎は、人に信頼されていた人物だったのだと思います。

困った時に、**それほどの手を差し伸べてくださる人があった**ということですから。

最終的に返すことができずに土地を取られましたが、それを二代目三代目が働いて取り戻したのだから、三代にわたって筋を通しています。

梅次郎こそ**「元祖・お人持ち」**と言えるのかもしれません。

私は改めて、自分の中にあるＤＮＡに感謝します。

ところで、皆さんは、ご自分の先祖のことをどのくらいご存じですか？

私のように生まれた郷土《さと》で暮らしていたら、口伝えでさかのぼって聞けることは多いと思います。

もう誰からも話が聞けない場合でも、昔の日本の家は必ずどこかの**お寺の檀家**になっていますから、本家のお墓があるお寺には「過去帳」が保存されています。
それを見れば家系図が書けるぐらいの情報は得られるようです。

直系で5代ぐらい、さかのぼって見ると、面白いことがわかるのではないでしょうか。
江戸時代末期から明治にかけての頃です。

もっとも当時は、家を継ぐために養子をむかえることも多く、必ずしも血のつながりを辿れないかもしれません。

また、5代もさかのぼれば、一族にもさまざまなトラブルがあったかもしれません。
調べてみたところで「すべてが輝かしい過去の記録」とはならない結果もあり得ます。

そんな時におすすめしたいのは

**「良いことだけ取り入れる」**

ことです。

私が梅次郎を、
**1億3000万円の借金が返せず土地を取られた人だと思うか。**

**それだけのお金を貸してもらえた「お人持ち」だったと解釈するか。**


ものは考えようです。

ご先祖様の「いいとこ取り」で、ご自身のＤＮＡに感謝してみてはいかがでしょうか。

思わぬ発見があるかもしれません。

柿ばせ（柿干し場）。柿のページェント

タケノコ畑にて

## 伊達政宗と、タケノコのルーツ

梅次郎の妻けんが商い好きで、田舎のよろずやとして小さな店を始めたのが「やしまや」の始まりです。

令和4年12月で、創業130年を迎えました。

梅次郎の後を継いだ二代目・八島一夫は、私の祖父です。

祖父の代は、酒屋のほか、ガラスの材料の珪石の採掘、製材所も経営していました。

珍しいところでは、福島への花火大会見学バスツアーを企画していたそうです。

イベントが好きなのか、自分が花火を見たかったのか。いずれにしても、**世話好きで新しもの好き**な横顔が見えてきます。

三代目は、私の父・八島将郎（まさお）です。

父は、新たにガソリンスタンドを始めました。農業部門は稲作、りんご、モモ、葉タバコ、養蚕、干し柿、タケノコを主流に経営。**現在の経営の礎**を作ったのが父です。

四代目が、私です。

祖父が亡くなり、戻って来いの指令があり、20歳で東京から帰って来ました。

平成13年に直売所を立ち上げ、タケノコ狩りや干し柿作りなど、農業体験も取り入れました。

店名も「八島屋商店」から「やしまや」、そして現在の「いなか道の駅やしまや」と続いてきました。

令和2年に長男の八島章太郎が、やしまやで仕事を始めました。彼が五代目です。

今は、母のふみと私と妻と息子、親子3代で店を切り盛りしています。

生業である柿とタケノコは、ここ丸森町耕野地区の名産でもあります。耕野は江戸時代、仙台藩でありました。

なぜ、耕野に柿とタケノコが伝わったのか、そこには**仙台藩**が深く関わっている、興味深いエピソードがあります。

私のところで農業体験をしていただくお客様には、こんな話をご紹介して、**荷物にならないおみやげを持ち帰っていただいています。**

まず、私どもが育てているタケノコで一番大きなものが「孟宗竹（もうそうちく）」です。都会でも時期になるとスーパーに並ぶので、タケノコといえば孟宗竹を思い浮かべる方が多いでしょう。

孟宗竹のタケノコ畑

長男の章太郎と私。持っているのは孟宗竹のタケノコ

孟宗竹は、中国原産で、元文元年（１７３６年）に琉球を経て島津藩に伝わったという説と、寛文元年（１６６1年）中国の隠元禅師によってインゲン豆と共に伝来し、それが京都地方に広がったという説があります。

時は豊臣秀吉の時代。天下統一の野望をひそかに胸に秘めていた伊達政宗は、秀吉の配下となりました。

政宗は、秀吉の命に応じ、朝鮮出兵のために兵を送ります。その準備のために仙台藩は8年にわたり京都に滞在しました。

秀吉は政宗を気に入り、野州郡（やすごおり）、蒲生郡（がもうごおり。両方とも現在の滋賀県の一部）を領地として与えました。あわせて一万余石、京都で暮らすための費用をその領地から与えたのです。

その時に、家臣である中目六左衛門安定という人が初めて孟宗竹を2株、**仙台へ持って帰り、青葉城に植えた**と言われています。

今から260年も前、滋賀県の山に、青々としげる素晴らしい太さの竹林を見て、またぐんぐん育つタケノコを見て、ふるさとに持ち帰りたいという衝動に駆られたのではないでしょうか。

かくしてこれが、仙台孟宗竹の始まりとなったのです。

では、それがなぜ、私の住む耕野に伝わったのでしょうか。

仙台からは、現代だと車で1時間半ほどの距離があります。

耕野は、仙台藩の直轄地でした。国境（くにざかい）を守る重要な拠点として、仙台藩からも重要視された場所だったようです。

直轄地は、年貢を直接、仙台藩に納めます。

通常、農民は苗字を名乗ることができませんが、直轄地は年貢の減免と、「苗字帯刀」（苗字を名乗り、刀をさすこと）が許されていました。

しかし、**有事の際は、命を張ってすぐに出陣**しなければなりません。

ここで、元々は平家の落武者がたどり着いて開いた集落だったことを思い出すと、どうやら耕野というのは、『武闘派』の気質があったのかもしれません。

実際、このような侍のことを「野武士」（のぶし）又は「野伏」（のぶせ）といったそうです。

記録によると、伊達政宗は天正の年間、耕野と大張の両地区で**「馬上十一騎槍鉄砲百五十人」**を組織し、国境の警護にあたったそうです。

これには、元々ここに住んでいた「野武士」に加え、伊達政宗が引き連れてきた、150人の伊賀忍者たちを住まわせ、組織に加えました。

こうして、耕野の人々と忍者によって編成されたこの組織が、朝鮮出兵、大阪の陣、政宗の白石城攻め、戊辰戦争等にも出陣したとのことです。

ここで思い出すのは、初代・梅次郎の父宇一郎が戊辰戦争の時に狙撃隊の第一小隊長を務めたという話です。

**わが家の先祖が関わっていると思うと、歴史エピソードがぐんと身近に迫ってきます。**

そのようにして、仙台藩の大事な任務についていた耕野の人々。そのうち31人が仙台藩の警護にあたっていました。

その時に、**仙台城にある太く青々とした竹、そしてそのタケノコを見て、耕野に持ち帰ったのです。**

孟宗竹は、家の周りに、食料としてタケノコを採るために植えられました。また、耕野に多い急な斜面を崩壊から守る役割も果たし、孟宗竹は大変重宝されました。

そして凄まじい成長力で、孟宗竹は面積を拡大していったのです。

## 伊賀忍者と、柿のルーツ

同じように耕野の名産である柿にも、**仙台藩が深く関わっています。**

耕野の干し柿は江戸時代から作られ、村の外へと広がっていきました。
その主流は「とやま柿」と呼ばれる品種でしたが、昭和の初めのころ、外から入ってきた「蜂屋柿」と大変似ていたので、現在は混同されて共に「蜂屋柿」と呼ばれています。

では、もともとの「とやま柿」のルーツはどうなっていたのでしょう。

ここで登場するのが、やはり伊達政宗です。
先ほどご紹介した「馬上十一騎槍鉄砲百五十人」には、伊賀忍者が150人加わっていたとお話ししました。

朝鮮出兵か、大坂夏の陣か、定かではありませんが、この時このメンバーが、ふるさとの**忍びの里、伊賀（三重県）に立ち寄った**のです。

そして古くから柿が食されてきた大和の国（現在の奈良）から、干柿に適した苗を持ち帰り、耕野で栽培を始めました。

すると、阿武隈川とその周辺の自然環境が、柿の栽培にピッタリだったようで、元々のものより素晴らしい立派な柿に育ったのです。

その柿は「耕野の人が持ってきた大和柿（やまとがき）」と言われ、評判が評判を呼び、たちまち広がっていったといいます。

ところが、それと前後して、慶長三年（１５９８）に、政宗の家臣・伊達成実の後をうけて、石川大和守（やまとのかみ）昭光という殿様が角田へ入られました。

殿様は、自分の領内で生産される柿の名前が「やまと」と呼ばれてることを怪訝に思い、ある時、百姓を問い詰めたのだそうです。

そこで、おとがめを恐れた百姓が

**「やまとという柿はありません！　とやま柿を作っているのです！」**

と咄嗟に答えたのだそうです。

それから耕野の柿は「とやま柿」と呼ばれるようになったとのこと。

なんだか一休さんのとんち話に出てきそうなエピソードですね。

こうした耕野に生きた先人のみなさんのおかげで、今の私の仕事があります。

**たった1本のタケノコ、1個の柿にも400年の時が刻まれているのです。**

そう考えると、食べる楽しみにもうひとつ、楽しさが加わるような気がしませんか。

そして、平家の落武者、野武士、伊賀忍者。

ちょっとワクワクするようなバックボーン。私の郷土《さと》には、そんな歴史があります。

そして、落武者から農民となり、野武士として仙台藩に仕えた、その先祖の血が私にも流れているんです。

5月の阿武隈川

結婚式。平成元年

母ふみ、私、妹、弟、従姉妹、昭和４７年ごろ

阿武隈川に面した「八島屋商店」

旧店舗から約 100m 離れた場所にセットバックし、
床面を 2.5m 上げて新築した現店舗

令和２年。私、妻広子、母ふみ、長女芽衣、次女夏紀と店舗前で

父将郎の施設入所まもない頃。母ふみと

## 「やしまや」は女性でもっている

私の店「いなか道の駅やしまや」の常連さんによく言われるのが

**「やしまや」は女性の力でもっている**

ということです。

それについてはもう、私はこうべを垂れるのみです。
毎日毎日、わが家の女性陣（妻・母）には感謝してもしきれません。

私の家族の話をしましょう。

妻の広子は、丸森町出身です。
私とは中学時代、演劇部の先輩後輩という間柄でした。
広子は将来、スチュワーデス（今はキャビンアテンダントですね）になることを夢見ていたそうです。そのため学生の時は英語の勉強をがんばっていました。
ですが、視力が悪く、挑戦することが叶わないとわかり、地元の会社に就職しました。
私と広子が交際するようになり、私が結婚を申し込んだのですが、広子の家族には最初、反対されました。

理由は、**商売や農業をやっている家の嫁が務まるはずがない、**ということと、川のそばで水害に何度もあっているから、というものでした。

親の心配はもっともでした。しかし、愛の力で私たちは晴れて結婚したのです。

結婚当初、広子は27歳。翌年の平成2年に長女、平成4年に次女、平成7年に長男が生まれました。

当時の広子の忙しさは相当なものだったでしょう。

同じ町の生まれとはいえ、近所の人の顔も名前も覚える暇もないほど、目まぐるしい毎日です。

私も父も母も、朝早くから仕事に出ます。広子も、朝食を済ませたらすぐ店へ。子どもをおんぶしながらレジを打ち、あっという間に昼ご飯の支度です。買い物の時間すらなかなか取れません。店が終わったら晩ご飯。

その頃は、とにかく毎日3食を用意することで必死だったそうです。

苦労をかけました。**家族総出で働いている八島家の嫁は、重労働なのです。**

しかし、広子は、姑にあたる母ふみが、その苦労を理解してくれたと言ってくれます。

なぜなら、母ふみも、父の将郎のところへ嫁いできたからでした。

母ふみは昭和15年生まれ。宮城県の白石市出身です。昭和36年、21歳の時に、将郎の姉の世話で、顔を見たことがある程度であった将郎のところへ嫁いできました。

商店は父母（私の祖父母）が切り盛りし、嫁のふみは畑仕事でした。当時、将郎がやっていたリンゴやタバコの栽培が主な仕事です。夜は夜で縄をなったり、干し柿を箱に詰めてシールを貼って積み上げたり。朝から晩まで働きづめだったそうです。

私と弟と妹、3人の子をもうけましたが、いま聞けば、かなり過酷な日々を送っていたようです。

私たち子どもがはしゃぎ回ると、舅と姑（私の祖父母）が

「うるせえ」

と言って咎め、黙らせるよう母が怒られたそうです（私は記憶にありませんが・・・）

夫の将郎に救いを求めても、夫にとって父である家長の言うことは絶対で、助け舟を出してくれることはなかったと言います。

私たちが夜泣きをしても、舅姑を起こさないように、丹前にくるんでおんぶして、外に立ちながらあやしてくれていたそうです。

母の妹がたまに遊びにきてくれては

「ふみちゃん、よく我慢しているね」

と言っていたとか・・・。

母は「生きてるうちの試練、修練」と我が身に言い聞かせながら、毎日を必死に働いていたと言います。

今の私から、本当によく耐えてくれたとお礼を言いたいです。

昔の日本の「家」「嫁」とは、そういうものでした。
**女性の辛抱の上に、家の繁栄があった**のです。

そんな母ですが、父とは仲睦まじい夫婦でした。
私たち子どもが成長した後は、よく2人で旅行に出かけていました。2人で歌う趣味も持っていました。楽しそうな写真がたくさん残っています。

父は晩年、怪我がもとで寝たきりになり、10年施設に入っていました。最終的には自分の口から食べることもできなくなりました。

そんな父を母が施設に見舞いに行くと、母はよく歌を歌いました。
十八番の「だんな様」を
「私の大事なまさおちゃん〜」
と母が歌うと、目をぱちくりさせる父。喜んでいる合図です。

私が言うのもなんですが、ほんとうに「おしどり夫婦」でした。

母は今では「やしまや」の『看板娘』です。


そもそも店先でお客さんにお茶をふるまうのは、母が始めたことでした。

タケノコをたくさん煮てお茶と一緒に出したり、学生さんにはおにぎりを出してあげたり。


83歳になった母とのおしゃべりを楽しみに、今もたくさんの方が訪れてくれます。

「ばあちゃん、長生きしろよ」

お客さんにそう言ってもらえるのが、母は何より嬉しいのだそうです。

## 阿武隈川とともに生きるということ

ところで、阿武隈川のほとりで、私がこの40年間だけでも10回も浸水を経験しているこの八島家。

私は

**「ここが生まれた郷土《さと》だから」**

と、責任感と男の意地？でここから離れずに生きる決意をし、その度に復活してきました。それは父も祖父も同じです。

しかし、妻と母にとっては、当然のことですが、ここは

**「生まれた場所でもなんでもない」**

のです。

事実、母のふみは嫁いできて最初に水害にあった時

**「水が上がるなんて聞いてない！」**

と思ったそうです。

妻の広子も、結婚前に話には聞いていたものの、川のそばの生活がどんなものか、理解していなかったと言います。

最初に被害にあった時は、1階の天井に届くほど水が上がり、幼い子どもを避難させるのに必死でした。命の危険を感じました。

**これは大変なところへ来てしまった・・・。**

広子が青ざめているその横で、舅（つまり私の父、将郎）が

「大丈夫だ、俺が責任とっから」

と叫んでいたそうです。

## 一体、なんの責任なんだか・・・。

思わずそう思ったと、後で広子が話してくれました。

いやはや、男というのは、咄嗟の時にそんなことを言ってしまうものだなと思います。女性のほうは冷静です。

広子は、本当のところ、せめて自宅だけでもいいから安全なところへ引っ越したいな、と時々本心を吐露します。

でも、じゃあどこが安全なのかなあ、と言ったりします。

「お父さん（私のこと）は、いつも『こうすることに決めたから』と事後報告しかしないから」

とも言います。

おそらく、私に言いたいことは、これまで山ほどあったことでしょう。

でも、なんだかんだ言いながら、この地で店を切り盛りし、3人の子どもを育て、私が決めたことにずっと付き合ってくれている。

**私は広子がいてくれるからこそ、今の私の全てがあると断言できます。**

私の家の長い話にお付き合いいただきました。

ご先祖さまがこの地を選び、ここに根を下ろして、そこにお嫁さんが来てくれて子孫が生まれ育ちました。

時代の変遷を超えて、商売の形を変えて、度々の災害を乗り越えて、今ここに生きているのは、すべてご先祖さまと両親のおかげです。

そして、いつも支えてくれている家族のおかげです。

私は、この心持ちに至ることができなければ、人は何も成し遂げることはできないと考えています。

本当にいつも、ありがとう。

## お人持ちの法則
## 第二の法則
## 家族と先祖に感謝して生きる　まとめ

◎ご先祖さまの事を知ると、興味と感謝が生まれる

◎自分を取り巻くもののルーツを探ってみる

◎家族がどれほど自分を支えてくれたか考えてみる

# 第三の法則

# 起こった事に全力で当たって生きる

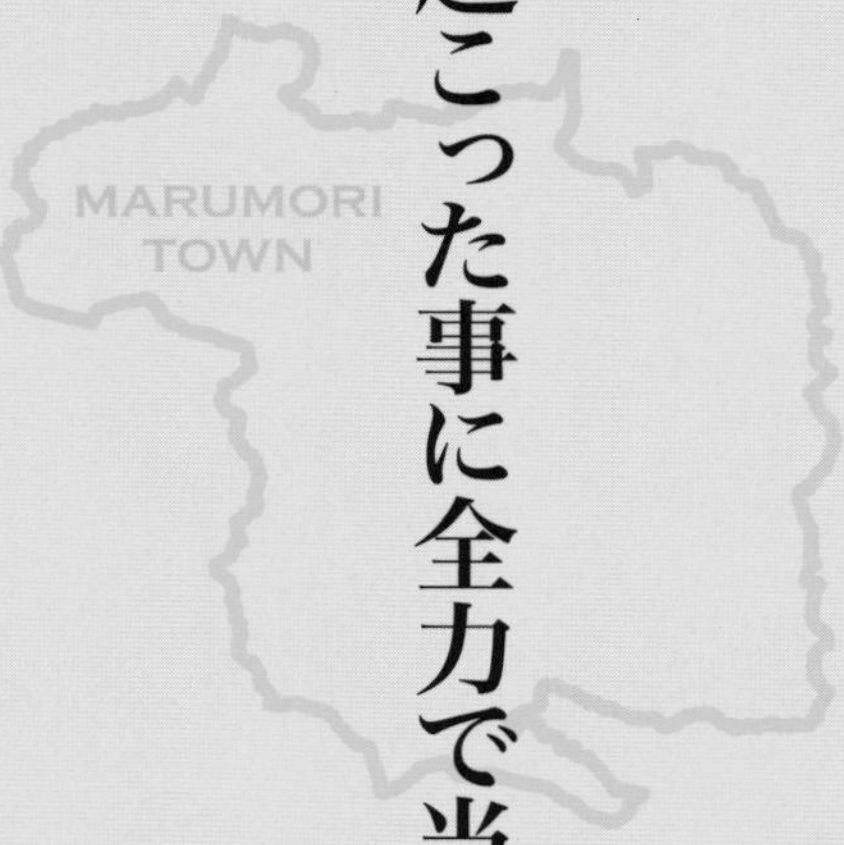

## 飲み水の危機

「哲郎さんは、一人の人生とは思えないほどの苦難に何度も襲われてるね」
と言う人があります。

自分でも時々そう思います。なんでこんなに災害にあう運命なんだろうと。
でも、それと同時に、こうも言われるのです。

「でも哲郎さんは、必ずそれをのりこえてきたよね」

自分では
『今この瞬間に、俺は乗り越えた！』
とその時に実感するわけではなく、**ただ無我夢中で目の前のことをなんとかしようと取り組んでいるだけです。**

しかし、この**全力で起こったことに立ち向かってきた**これまでの道のりのなかに、本を読んでくださっている皆様にお伝えできる法則が見つかるかもしれません。

そこで、この第3章では私の「過去の苦難」についてお話したいと思います。

ひとつは、これは天災ではありませんが、大きな出来事でした。

平成元年、私たちの郷土《さと》に**産業廃棄物最終処分場が建設**されるというニュースが飛び込んで来たのです。

私たちが暮らす集落よりも上流の地点に建てられる予定となっていました。

実は、私たちの集落は、上下水道が通っていません。つまり、私たちの命綱である飲み水は、地元の井戸水と地下水なのです。

何よりも身体の安全、さらには、農業用水の安全性が懸念されました。

そこで、私達住民はすぐさま設置反対の同盟会を立ち上げました。そして、法廷闘争に持ち込んだのです。

業者側の申請に不備はなく、宮城県は許可を下ろしました。住民の反対運動にもかかわらず、です。

それでも私たちは、反対の手を緩めませんでした。必死で中止を訴え続け、対抗策を講じました。

たとえば、処理場の建設工事に向かうには、細い細い山道を通らなければなりません。そこで、その坂道を産業廃棄物を積んだ大型ダンプが通れないほどにさらに細くしてしまうなど、地元民にしかできない抵抗をしました。本当に地道な活動です。

東北の男は、純朴で辛抱強いと一般に言われます。しかし、我々は

## 「やる時は、やる」

そんな精神が宿っているのです。

考えてみれば「平家の落武者」そして「野武士」「伊賀忍者」のＤＮＡがこんなところにも発揮されたのかもしれません。

その後、晴れて私達住民の意思が伝わり「操業差し止めの仮処分申請」が認められました。

**「人は生きていく上で飲料水が不可欠で、それを確保する権利がある」**

という判例は、その後、全国各地に広がった産廃処分場裁判の設置不許可の判例に用いられるほど、画期的なものでした。

その結果、工事も終わり、県の許可が下りたにもかかわらず、業者が自ら撤退するという、あっけない幕切れでした。

団結力の強さを見せつけた私達住民の大勝利でした。

## かぐや姫探し隊、かぐや姫育て隊

平成23年3月11日、東日本大震災。

そしてそれに伴う東京電力福島第一原子力発電所からの放射能漏れ事故。

福島県に近い丸森町にも被害が及びました。

平成24年3月。丸森町産のタケノコ3本の内の1本が基準値を超え、全町域で出荷停止となりました。

実に、それから**2年に渡り、出荷停止を余儀なくされました。**

突然の、しかも初めての出荷停止。

今までは1本残らず収穫し、販売してきた私の畑のタケノコ。それが、今日からは、

1本たりとも持ち出せないのです。

それからは、タケノコを掘っては捨ての繰り返しの2年間でした。

もちろん初めての経験です。地区も、生業も、そして人までも全否定されたように思い、精神的にも辛い期間でした。


タケノコ掘りを終え山から降りる時、いつもなら運搬車にタケノコ山積みで山を降りるはずなのに、掘ったタケノコ達を山に捨てていかなければなりません。

「おーい！置いていくのか？　なんでいつものように一緒に連れて帰ってくれないんだよ？」

とタケノコが言っているようで、悔しくて悔しくてたまりません。


それは、販売できない悔しさというよりも、**30年以上築き上げて来たブランドを傷つ**

**けられた事の怒り**でした。

また、各地の空間線量などがマスコミで報道される中で、原発事故から日を追って感じていたのは

**「丸森町を避ける**雰囲気」

お店のお客様も目に見えて減ってきました。

私は心が潰れそうでしたが、それでも、うつむいてばかりはいられません。

今できることを精一杯するしかない。

そう考えた私は、**出荷停止措置がいつ解除になっても大丈夫なように、間伐など竹林の手入れは怠りませんでした。**

そして、竹林の手入れをしてくれるボランティアを広く募集することにしました。

まず、タケノコを掘ってくれるグループの名前を
**「かぐや姫探し隊」**

としました。

「かぐや姫探し隊」の皆さんには、まず、タケノコを掘って、山に重ねて捨ててくる作業をお手伝いしていただきました。

タケノコ畑に放置し、腐るのを待つタケノコ達。我が子を放置するようで辛い気持ちです。

続いて、

**「かぐや姫育て隊」**

を結成しました。

竹にする為に残すタケノコを「親竹」と言います。来年以降、竹になって、良いタケノコをいっぱい産んでもらうために必要なのです。そして、それ以外のタケノコを倒す作業を手伝っていただくのです。

生えて6年以上の竹を切り倒し、親竹を更新します。11月から2月までの寒い時期に作業に来ていただきました。

これらの取り組みは、作業のお手伝いの目的のほかに、**被害者の苦しむ現状を広く知らせたい**という思いがありました。

「かぐや姫」と言う名前をつけたのも、ただ苦しみを訴えるのではなく、**少しでも前向きな興味を持って丸森町を見てほしい、**そんな思いからでした。

そのような活動と並行しながら、放射線量を下げるために「カリウム」を撒く実証実験を行うなどの努力を重ねました。

その結果、２年経った平成26年４月に晴れて出荷停止が解除されました。

そのニュースが流れた直後、受けた一本の電話を忘れる事はできません。

「八島さん！ タケノコ出荷できて、良かったねー！ 俺、待ってたんだ、おたくのタケノコとってもおいしいんだよ!!」

私は、２年間も出荷停止が続いた事で、お客様は近隣のタケノコを手に入れ、すっかり丸森町から離れてしまったと思っていました。

待っていてくれたお客様がいた！

その事が嬉しくて嬉しくて。

やっと販売できるという事よりも、待っててくれた方がいた!! 2年間の努力が報われたと思えた瞬間でした。

3年振りの出荷再開の日。店内に溢れるお客様。私たちのタケノコを待っていて下さったことへの感謝でいっぱいでした。

震災後、放置して伸びたタケノコ

山に放置するしかなかったタケノコ。切なさと憤りと申し訳ない気持ち

3年ぶりにお客様が戻った店内。
待っていてくださった。嬉しさもひとしお

## 悲壮感がない？

令和元年東日本台風は、丸森町に過去最大の被害をもたらしました。
当時の朝のトップニュースに何度も紹介されたので、記憶に残っている方も多いでしょう。

私の店は、建て替え時に2・5メートルもカサ上げしたにもかかわらず、店内1・6メートルの浸水被害に遭いました。
店内1階の商品はほぼ流され、店の什器、厨房用品も泥をかぶり、壊滅的な被害でした。

8つある建物、施設のうち7つが浸水被害に遭い、助かったのは自宅のみ。それもあと30センチで玄関まで届く水位でした。

これまでの人生の中で最悪の被害です。

復帰できるだろうか？

**出口の見えない長いトンネル**に入ったかのようでした。

そのような苦難の中で、温かさに触れた日がありました。
それについては、次の第４章で詳しくお話させてください。

復旧作業に明け暮れる毎日の中で、私は、マスコミの取材も全部受け入れました。
時間はもったいないところもありますが、こんなド田舎の個人商店が頑張っている。
それを見て勇気づけられる方がたくさんいる。そう思っての事でした。

テレビ局の取材を受けると必ず聞かれる事がありました。

**どうして復旧するのですか？**

**諦める事は考えませんでしたか？**

もう一つは

**被災したのに、どうして悲壮感が無いのですか？**

復旧作業はもちろん大変です。力もいります。その作業の間に、行政、マスコミ、親戚など訪問客、見舞い目的の方のお相手もせねばなりません。

そんな時、私はなるべく**ジョークを交えながら、来てくださった方と楽しくお話しするようにしていました。**

根がポジティブと言うのもありますが、下を向いていても仕方がないですから。

いま考えると、私は**「被災」を「イベント化」したのかもしれません。**

復旧活動をイベント、災害復旧の方々をお客様と見たのかもしれません。

年に数回、うちの店で開くイベントの感覚で、来て下さったお客様に少しでも楽しんでいただきたい、のんびり過ごしていっていただきたい。

そんな、昭和の店と言われてきた「うちの店らしさ」が出ていたのかもしれません。

そこに「悲壮感」があるはずもないのです。

思えば、タケノコの放射能被害の時の「かぐや姫探し隊」の時もそうでした。辛い時ほど私は、それを何かに**転換する**ということをやってきているように思います。

もちろん、なんでもポジティブに捉えているわけではありません。

地の底から這い上がるような苦しい思いをかみしめている時は、下を向いたら引きずり下ろされてしまいそうなのです。

そんな時、私は、周りに助けてもらいたいと、本当は強く願っているのだと、思います。

自分ひとりでは抱えきれない重い荷物を、少し手伝って、手を貸してもらいたいと、無意識のうちに求めているのだと思います。

だから、何かに**転換する。**

**悲壮感をただよわせて、愚痴ばかり言ってる人のところに誰がくるでしょう。**私ならば、楽しそうな場所にさそわれます。

**どうしたら、この状況を楽しめるだろう。**

**どうしたら、この経験を価値に変えられるだろう。**

度重なる試練のたびに、そう考えるクセがついているのかもしれません。

顔は笑っていますが、根っこはどっこい東北男のド根性。悲壮感など、シッポ巻いて逃げて行きやがれ、です。

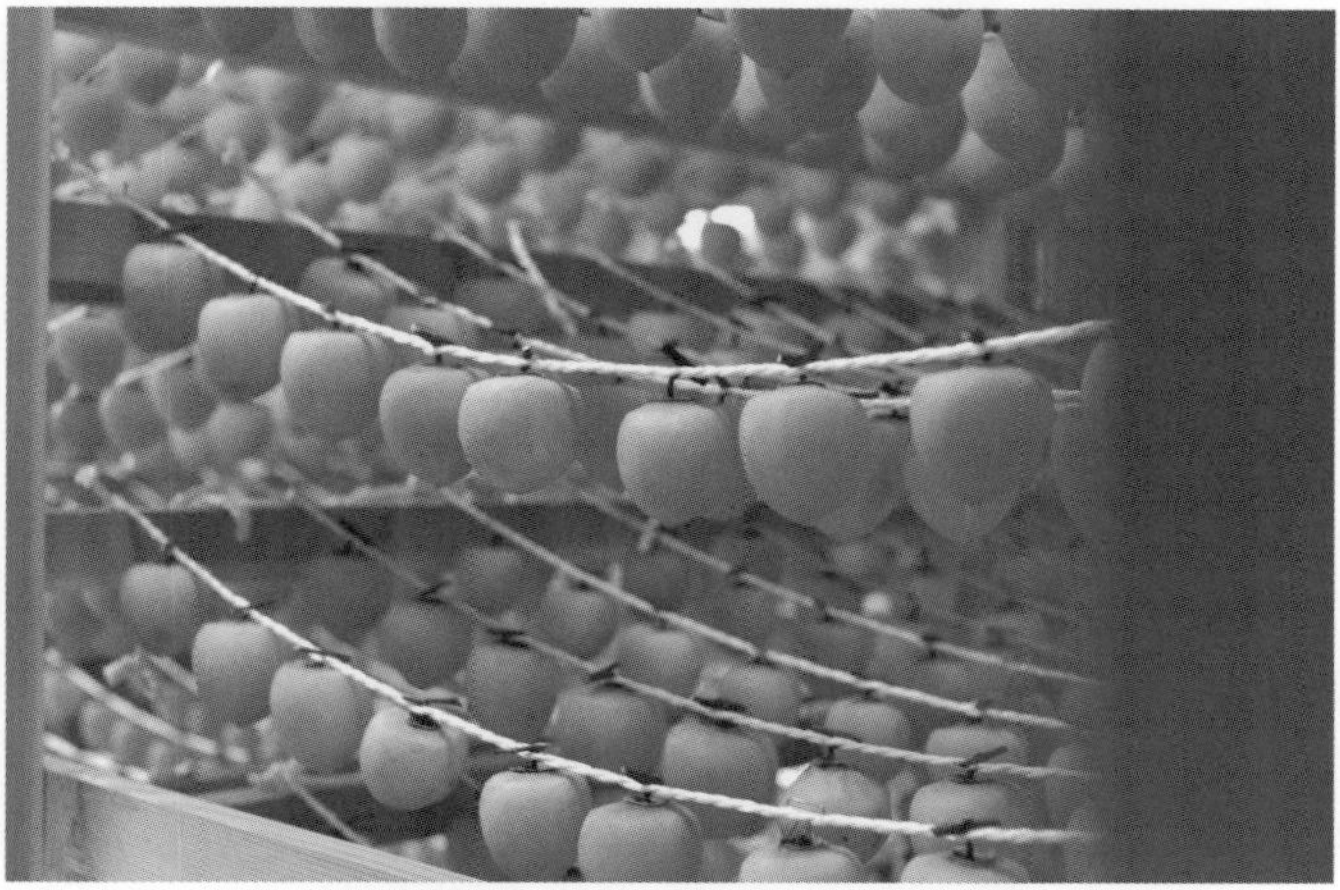

整然と並ぶ干し柿達。つるんとした形です

令和４年は変形柿の比率の高さは前代未聞、初めてでした

## 変形柿もオンリーワン

私は、小さな店を経営しながら、干し柿作りを生業として40年が経ちます。ところが昨年の令和4年は、遭遇したことのない苦難にまたしても直面しました。丸森町の名産である干し柿用の柿の形に、異変が起きたのです。

ツノのように出っ張ったり、深い割れ目が付いたり、中にはヒトデのようなものもありました。

平年も変形柿は多少ありましたが、こんなに高い割合で発生したのは初めてです。ニュースにも多く取り上げられました。

原因は受粉の時期の気温の乱高下による柿へのストレス、と言われていますが、特定できないのが実情です。

変形しても成分に変わりはなく、干し柿として使えないことはありません。ですが、形が悪いとどうして困るのかというと、まずは干し柿への加工に手間がかかるという点です。

もう一つは、製品になった場合、売れるのか？が問題でした。

そうでなくとも、前の年に続き、遅霜の被害で例年の4割の作柄となっています。そのうち8割がいびつな形の柿になったのです。

またしても、崖っぷちに立たされました。

しかし、今回も負けてはいられません。

私は、その変形柿に名前をつけることにしました。

もはや**「ネーミング」で事態を打開するのは、八島哲郎の専売特許**をいただけるかもしれません。

「ユニーク柿」

「オンリーワン柿」
「悪ガキ君」
という名前をつけて店頭に並べてみたり、個々の形ごとに名前をつけてみたりしました。

すると、村上信五さんとマツコ・デラックスさんがＭＣを務める人気番組「月曜から夜ふかし」が、変形柿に面白おかしい名前をつける、という企画で、当店に取材に来てくださり、放送されました。

どのような角度からでも、話題にしてくださって興味を持ってくださる方が増えるのは、ありがたいことです。

ただ、加工の問題、販売の問題をどう解決するのか・・・。

ここにも救世主が現れました。

**お客様**です。

時間のかかる収穫作業、選別作業、そして柿むきまで、お客様が入れ替わり立ち替わり、お手伝いに来てくださいました。

そして、いびつな柿で作った干し柿も買ってくださると、お申し出がありました。

収穫、加工、そして購入までサポートして下さるお客様には、感謝の言葉しかありません。


数多くの困難があるたびに、私はお客様と仲間に助けられてきました。

その経験が私をまた少しずつ強くします。


起こった事に全力で当たるということは、一人で戦うのではなく、**周りに助けてもらう、周りを巻き込む、**そういう視点で新しい発想をすることなのかもしれません。

お人持ちの法則
第三の法則
起こった事に全力で当たって生きる　まとめ

◎やる時はやる!
◎辛い時は「転換する」。ネーミングが決め手
◎皆が参加したくなるような、楽しい場をつくる

# 第四の法則

# 出会えた友との時間を生きる

## 学びの友は、生涯の友

皆さんは、大人になってから、何か「学び」を続けていますか？

私は、還暦を過ぎて61歳になりましたが、学ぶことだけは生涯続けていきたいと思っています。

現在も、「エクスマ塾」というマーケティングの講座で学んでいます。

田舎の一軒店のオヤジがマーケティングを学ぶ？

いやいや、田舎だからこそ、新しい情報を進んで取りに行かなければ、どんどん置いていかれます。

限界集落のトッププランナー（？）としては、世の中の最先端をつかもうと努力し続けることが大事だと思うのです。

それは、後を継ぐために帰ってきてくれた5代目の長男 章太郎に、**自分は何を渡し**

**ていけるのか、問い続ける**ことでもあると思っています。

そして、学びの場は、時に、**素晴らしい出会いと縁を運んでくれる**ものです。

なにかしら、共通の問題意識があってそこに参加していたり、環境や境遇が似たもの同士だったり。

さらには、同じタイミングで、同じ学びの情報にピンと来て、その場で隣に居合わせるというのは、よほど「波長」が呼びあっているのではないでしょうか。もはや理屈を超えています。

大人になって親友ができることは少ない、と、よく言われます。

それは、本音と建前があったり、仕事のしがらみがあったり、自分をとりまく複雑な人間関係の中で、なかなか心のうちをオープンにすることは難しいということなのでしょう。

ですが、私が経験上言えることは、「学び」を通じて出会えた仲間とは、本当の仲間になれるように思います。

人が学ぼうと思う時は、動機はさまざまながら、それぞれが今いる場所から一歩外へ出て、新しいことを吸収してみたいと考えている時です。

そんなメンバーだから、抱えている悩みを共感しあえる確率が高いです。

心を開きあって、語りあえる仲間となります。

誰かが困っていたら、自分ごととして捉え、協力・応援できることはできる限りしようと思えてきます。

それは、誰かがその場を提供してくれるとか、どこで学んだら人脈が広がるとかいうたぐいのものではありません。**自分自身がその場所に心を開いて飛び込んでみるからこ**

**そ、相手も応えてくれるし、信頼しあえるのです。**

それはとても幸せな人間関係です。

私にも、かけがえのない出会いがありました。

平成30年からの2年間、私は仙台のリーダー塾に通っていました。主催で講師の今野高さんの元に集まったメンバーとは、打ち解けあい、共に学びあい、酒を酌み交わす、気の置けない仲間になっていました。

そんな中で、令和元年10月12日。台風19号による大雨による洪水、土砂崩れが丸森町を襲ったのです。

各地で100名以上の方がお亡くなりになり、のちに「令和元年東日本台風」と呼ばれ、現在も復興活動が続いています。

当時のことは序章でも触れましたが、私の店が床上1・6メートルの浸水被害に遭い、店のウッドデッキや看板が流されて途方に暮れていた時、駆けつけてくれた漆山喜信さんは、そのリーダー塾の仲間でした。

これからお話しすることは、当時の記録です。

結果から申し上げると、台風被害から1か月半、約150人の仲間やお客様がボランティアで泥出しや片付けをお手伝いしてくださり、店を再開させることができました。

今でもあの日々を思うと、涙が出ます。しかし、それは苦しみや悔しさの涙ではありません。あるのは感謝の涙のみです。

## 支えられて、立ち上がる

漆山さんがバイクで仙台から駆けつけてくれたのは、浸水の翌々日、10月14日のことでした。

仙台市から丸森町までは、普段なら車で約2時間。決して近くはありません。しかも災害直後です。通れる道を探し、崩れた土砂を避け、川と化した道を、途中何度も引き返しながらいつもの倍の時間をかけて来てくれました。

なぜ、そうまでして来てくれたのでしょうか。

私はそれまで、**毎日Facebookに投稿**していました。他愛のない内容ばかりでしたが、それでも毎日続けていたのです。

でも、浸水した翌日の13日は、さすがに何も投稿する気になれませんでした。
丸森町で大きな被害が出たということは既にニュースになっていました。

漆山さんは、**私の投稿がないことに気づき、**八島は被災したのではないか、ひょっとすると、生死に関わるような被害に遭っているのではないかと考え、来てくれたのです。

その時の私は、何もかもがめちゃくちゃになった店やタケノコ畑を前に、どこから手をつけていいのかもわからず、茫然としていたのだと思います。これまでの人生でかれこれ10回目の浸水でしたが、経験したことのないひどい有様でした。復活させるぞ、という前向きな気力もすぐには湧いてきません。

ただただ、どうにかしなければならないという思いだけが巡り、心身ともに疲れていました。

漆山さんの顔を見た瞬間、ありがたいやらホッとするやらで、一気に緊張が解けたような気持ちになったのを覚えています。

普段は写真を撮るのが好きで習慣になっている私ですが、あまりの出来事に、写真を撮るのをすっかり忘れていました。

再会を約束して、バイクで走り去る漆山さんを見送ったところで、あわてて後ろ姿をスマホで撮ったのが、この一枚の写真です（次ページ）。

泥まみれの道を帰る漆山さんの後ろ姿。

この日のこの写真、この漆山さんの姿は、私を何度も何度も勇気づけてくれました。


**必ず、復活する。**


ライフラインも未だ復旧していない最中ではありましたが、私には繋がってくれている人がいる。心配して、支えてくれる人がいる。

そう思うだけで、立ち上がる気力が湧いてきました。

前を向こう。

漆山さんの背中に誓った、忘れえぬワンシーンです。

P

2020年10月14日午前6時50分　途方に暮れる母。
この地点で地上5メートルの水位

2020年10月13日午前9時38分　当店の正面入り口
から南を望む。水位がガラスドアにクッキリと残る

## 昭和が残る店だからこそ

漆山さんはすぐに、私の代わりにFacebookに投稿をしてくれました。

「八島さんは生きています」

「この道なら通れます」

「今は水が足りません」

それを見てくれたお客様や仲間たちが、やしまやの浸水を知ることとなりました。

そうすると、復旧のお手伝いに駆けつけてくださるお客様が一人、二人と増えてきたのです。

こちらから依頼したわけではありません。皆さん自発的に来てくださり、その数は、のべ**150名**にのぼりました。

リーダー塾のメンバーも続々と駆けつけてくれました。毎年、タケノコや干し柿を楽しみにいらしてくださるお客様も来てくださいました。

丸森町のお客様もたくさん来てくれました。自分の家だって片づけが大変なのに。それでも

「八島さんも、がんばって」

と顔を見せてくれて、復旧作業を手伝ってくれるのです。

私は元気を取り戻しました。

のちに取材に来た記者に「悲壮感がない」と言われたほどに、毎日笑顔で、お客様と一緒に汗を流しました。

朝から片づけ作業が始まります。お昼ご飯は、やしまやで提供するときもあれば、お客様が全員分の昼食を作って持ってきてくださる場合もありました。

まさに「同じ釜の飯を食べる」つきあいです。

多い時には、30人を超えることもあります。復旧作業を終える午後3時半頃、がらんとした店の中で椅子に座り、**簡単な自己紹介**をするようにしました。

「○○から来た○○です。八島さんとの繋がりは○○です」

**お手伝いいただいた方々どうしが友達になっていく現象**も起きました。やしまやのお客様は本当に良い人が多い、と実感しました。

よくお手伝いに来てくださっていた丸森町の齋藤百合子さんが、当時の心境を話してくれたことがありました。

「八島さんは、以前、仕事のことで相談をした時に『まずやってみましょう。その結果を見て、次にどうするか、また考えればいい』と言ってくれました。その言葉にとても勇気づけられたのを覚えてます。

やしまや復旧のお手伝いの時も、助けている私たちのほうが元気をもらえる感じでした。大変な作業を手伝っているというよりも、楽しい場に参加させてもらうことで、気持ちが明るくなりました」

丸森町じゅうが傷ついていたのです。

ご近所の家が潰れ、山肌が崩れ落ちて風景が一変し、町内で10名もの方がお亡くなりになった。そんな状況の中で町民が日常と元気を取り戻すには、やはり相当ながんばりが必要でした。

やしまやは小さな店ですが、皆さんの手できれいに元通りにしていただき、**復活することで、誰かに元気を与えられるかもしれない。**私はそんなふうに考えるようになりました。

散乱した商品や泥水にまみれたタケノコカレー。
思わず、ごめんなと謝りました

お客様方が自主的に復旧を手伝ってくださいました

流木、根っこから抜けた孟宗竹が大量に押し寄せ、
復旧には長時間が必要でした

泥出し作業もいとわないリーダー塾の塾生の皆さん。
お客さまも毎日手伝ってくださいました

そして、やしまやは昭和が残る店、とよく言われてきました。お客様とお茶を飲みながらなんでもない話をするような、**現代の効率化・無人化の流れとはまるっきり逆の空間**です。

でも、そんな店だったからこそ、お客様が
「困ったときはお互いさま」
の心で、駆けつけてくださったのだと思います。
きっと、**「やしまやは必要だ」**と思ってくださったのだと、思います。

また、流されてしまったウッドデッキは、お客様にとって憩いの場所でした。それを作り直そうということで、クラウドファンディングをやってはどうかと勧められました。
私自身は、自分の店が壊れた費用をクラファンで募るということに当初抵抗があったのですが、友人たちが
「みんな力になりたいと思っているけど、お金を渡すのもどうかと思っている。クラファ

ンをやってくれたら出せる先ができるから、応援しやすい。やってくれないか」と言ってくれるので、思いきって実施することにしました。

おかげさまで132人の方々に192万円を応援していただき、ウッドデッキ再建築の資金の一部にさせていただきました。

このように、お客様と仲間たちの応援のおかげで、被災から1ヶ月半、ついに店の再開が見えてきたのです。

そんなある日、それまでも何度も手伝いに来てくれた、リーダー塾講師の今野さんが、トラック一杯の「パンジー」の花を持って現れたのです。

私はもちろん、その場にいた全員が声を上げて驚きました。

**かき出した泥を利用して花壇にし、そこに一面のパンジーを植えよう**という作戦です。

なんという素敵な作戦なのでしょう。

その花壇づくりも、お客様が手伝ってくださいました。鮮やかな黄色のパンジーに彩られ、見違えるほど美しくなったやしまやの外観はほんとうに輝いて見えました。お客様の心からの笑顔もそこにありました。

11月30日。ついに再オープンの日。

私には、**1ヶ所だけ、拭き掃除をせずに汚れを残していた場所**がありました。

それは店の入り口の自動ドアです。

床上1・6メートルのところに、しっかり泥跡がついたままのドア。

これを最後に拭き取って、そのドアをあけ、お客様をお迎えしようと決めていました。

そして、その拭き取り役もまた、手伝ってくださったお客様にお願いしようと決めていたのです。

いよいよ、お客様による最後のドアの拭き掃除が終わり、やしまや開店の瞬間です。

多くのお客様が喜んでくださり、店は大賑わいとなりました。ほんとうにありがたい、ありがたい一日でした。

そして、その日の夜、リーダー塾の今野さんから、ひとつのFacebookメッセンジャーグループの招待が届きました。

そのグループ名には

**『八島さんボランティア』**

とあります。初めて見るグループです。今野さんからこんなメッセージがありました。

「今日、念願のやしまや再オープンができました。この日のために作ったメッセンジャーグループがあります。八島さんから再オープンのお知らせをして下さい」

私は急いで、そのグループのメッセージ履歴をたどりました。

冒頭に書いてあったのは、今野さんの一言です。

**「八島さんに対するボランティアを、できる人が、できる事を、できる時に行う」**

その後、「通れる道はこのルート」と地図の写真。

「今日はこんな作業」と泥出しの動画。

ＳＮＳで画像や動画でどんどん情報が共有されていきます。その投稿はどんどん増え、のべ２００名以上の方が細かな書き込みをしてくださっています。

「私は明日行きます。」
「〇〇さん、明日私はいけないので、〇〇で待ち合わせて物資を渡します。」
「今日、念願の水道が開通しました。」

読みながら涙が頬をつたいました。

古い昭和の「S」と、新しいSNSの「S」、その二つが融合して、やしまやは復活できたのです。

**皆さんのご支援無しに復旧はありませんでした。**

台風被害は無い方が良かった。でも、台風被害があったから気づいたことがたくさんありました。

度重なる自然災害にも負けず、お客様のご支援でそれを乗り越えてきた当店。その方々のおかげで、今があります。

## 「人は皆支え合って生きている。困った時はお互い様」

少し前まで、日本中どこでもそうでした。

絶滅したと思われていましたが、ここにはまだ残っていたのです。

日本はまだ捨てたもんじゃない！　身を持って感じました。

あれから、コロナという苦難困難にも見舞われた日本。

会いたい人にも会えない。集まりたくても集まれない。そんな月日が続きました。

やしまやでは、それもだいたい落ち着いた２０２２年11月末、仲間とともに久しぶりのイベントを開きました。

出展者として、台風被害から復旧を手伝ってくださった仲間がたくさん集まってくれました。
あれから3年。今もって強いつながりの仲間がいることに感謝しています。

久しぶりのイベントは、スタッフもお客様も笑顔がいっぱいでした。
売る側も楽しんでいます。売上よりも、ここに来たい、やしまやのお客様に会いたい、そう言ってくれます。

私たちの仲間、畠山茂陽さんの言葉で**「ネオファミリー」**というのがあります。
「血縁はないけれど、友達以上家族未満の関係性」という強いつながりを意味します。

これからの人生、誰にとっても、予想を超える困難の時がくるかもしれません。でも、どんな時も「ネオファミリー」と呼べる仲間がいるならば、助け合いながら生き抜いていけると、私は思っています。

そのことに気づかせてくれたのが台風被害でした。
すべての経験を、気づきと学びに変えられたら、怖いものなど何もありません。

## お人持ちの法則
## 第四の法則
## 出会えた友との時間を生きる　まとめ

◎学びの友が大切。まず自分から心を開く

◎昭和とSNS。密なコミュニケーションの場をつくる

◎ネオファミリーと呼べる仲間がいたら人生どんなことも乗り越えられる

南三陸町 YES 工房のキャラクター、オクトパス君でチュー、のポーズ。
左から、バイクで駆けつけてくれた漆山さん。YES 工房の大森さん、
仙台のソウルフード「こだまのどら焼」児玉さん、八島哲郎、河北新報の畠山さん。
気の置けないかけがえのないネオファミリーです。

待ちに待った再オープン。ネオファミリーと記念撮影。
感謝の涙にくれました

再オープンの日。縁起物の福袋で景気付けする漆山さん

umbro

いなか道の駅
やしまや

いなか道の駅
やしまや

復旧作業をお手伝いして
くださった皆さま
ありがとうございました。

やしまや

# 第五の法則　あきらめずに道を進み続けて生きる

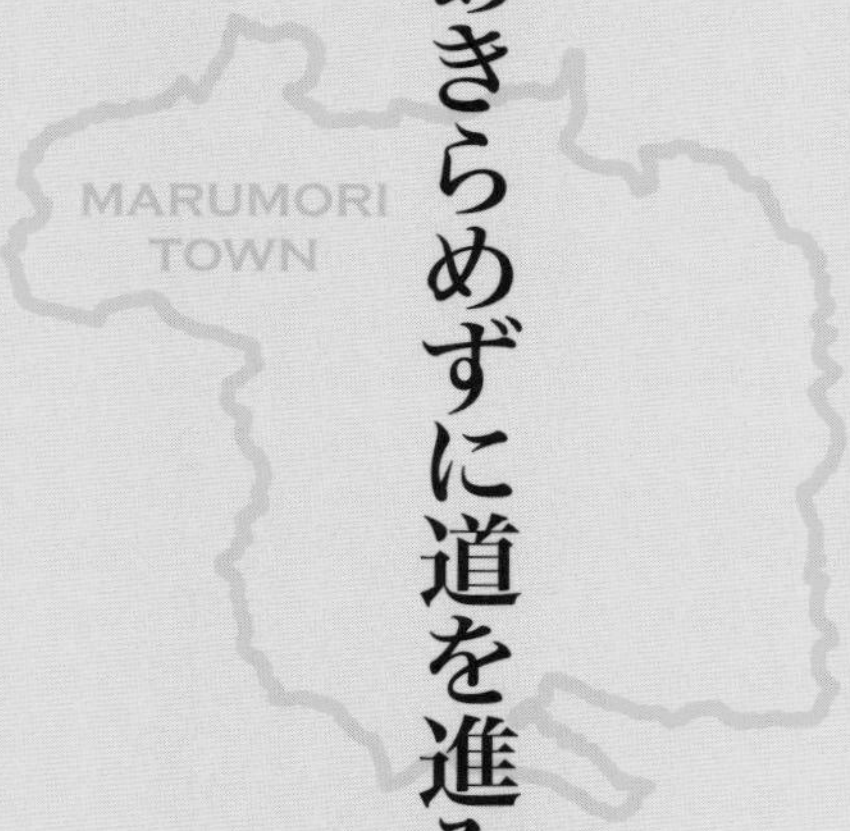

## 「買い物弱者」問題に立ち向かう

「買い物弱者」「買い物難民」という言葉をご存じですか。

住んでいる地域の過疎化が進んで、近くの店が廃業や撤退をしてしまったり、足腰が弱くなって生活に必要な品の買い物が難しくなっている人、またはその状態をさす言葉です。

これもまた、地方における深刻な問題です。

私の地域は、車で20キロ走れば、大型ショッピングモールがあります。しかし、お年寄りだけで暮らしている家庭にとっては、そこに買い物に行くのは容易ではありません。

まず、車の運転がもうできなくなった場合。

仮に、たまに娘や息子が来てくれて、一緒に買い物に行けたとしても
「駐車場から店までが遠く、歩けない」

「店の中が広すぎる」

「どこに何があるかわからない」

という不便さがあります。

さらには
「豆腐ひとつ買うにも何十種類もあって選べない」
こんな悩みも、ご高齢の当人にとっては深刻なことなのです。

やしまやでは、もう30年以上、**箱に食料品を詰めて運び、ご高齢のお宅の玄関先に持っていって選んで買ってもらう**ことをしてきました。

豆腐と納豆は1種類。魚、肉、お菓子、缶詰、惣菜、ふりかけ。

そのようなものを見繕って、運んでいきます。

お客様は座って、これとこれ、と選んでくれるだけで買い物完了です。

それはそれでずっと続けてきて、喜ばれています。

ですが、たとえばお菓子が欲しいと言われて10種類ぐらい持っていっても、違うものが欲しいということもあります。

私はそこで

「お客さんを連れてきちゃったほうがいいな」

と思い立ちました。

丸森町には「あし丸君」というデマンドタクシーがあり、家から病院や役場まで送迎してくれるサービスがあります。

それをもじって**「やしまる君」**と名づけ、**家まで迎えにいって、やしまやまで連れてくる**ことにしました。

お客さんの方から来てもらって、店でお茶を飲んで母と話して、買い物をして、送り届けます。これはうちの母にとっても刺激になるので、価値を感じています。

やしまる君でお買い物を終えたご夫婦を送り届けました。
「ありがとう」の言葉にこちらも嬉しくなりました

しかし、それでもやっぱり
「そこまでしてもらうのは申し訳ない。そんなに買わないし・・・」
という声もあり、利用してくださるのは一部の方にとどまっています。逆にいえば、一部の方だからこそ、このようなサービスができるのです。

日々感じるのは、**「安否確認」**の重要性です。

どんどん高齢者が亡くなって、人口が減ってきています。

一人で倒れていて何日も誰も気づかなかった、ということがあっても不思議ではありません。

この辺は田舎ですから、まだ隣近所のことを気にかける人は多いですが、それでも人口そのものが減っているので、お互いいつまでも気にかけていられるかは、わかりません。

行政もこの「見守り」活動の必要性はわかっています。しかし、未だ解決には至っていません。**こうしている間にも、どんどんお年寄りは減っていくので、急がなければいけません。**

私はいま、定期的にお弁当を届けて、安否確認するサービスができないかと思い巡らしています。

正直いうと、車で7～8キロの距離を弁当一つ配達するために往復しては、まったく採算があいません。

しかし、**行政の策をただ待つより、地域密着店として打てる手は打っていこう**と考えています。

いま、その一歩として試験的に始めようとしていることがあります。

それは離れて暮らす息子さんに費用をご負担いただき、お弁当を届けながら暮らしを見守るサービスです。

息子さんは高齢の親御さんのことが心配でも、簡単には帰れません。畑で野菜は作っているけど魚や肉は手に入れているのか、身体の調子はどうか、家の中で困っていることはないか。気になっています。


であれば、私たちが代わりに食べ物を届けながら、日々の様子を
「畑でこんなふうにお仕事していましたよ」

「今日はこんなものを、召し上がっていましたよ」

と**写真と共にレポートを送る。**

そうすることで、息子さん自身も郷土《さと》への思いが高まり、顔を見せに帰ろうかという頻度が上がるのではないかと思うのです。

**郷土《さと》にずっと関心を寄せ続けてもらうことこそ、私の一番の願いですから。**

どのくらい需要があるか、やってみなければわかりません。しかし、挑戦して初めてわかってくることがあり、次の一手を考えることができます。まずは、離れて暮らす友人たちに、意見を聞いてみたいと思います。

## 五代目の息子へ

**「2－1＝0」**

という計算があります。

高齢の夫婦ふたりで暮らし、どちらかが亡くなって一人残されたタイミングで、施設に入ったり、子どものところに行くため、世帯人数がいきなりゼロになるという意味です。

この現象も、やしまやを直撃しています。

やしまやは灯油販売も行っていますが、毎年頼まれていた家の暖房の灯油の受注がいきなり無くなることが起こっています。

お酒の動きもめっきり悪くなりました。**酒屋からの仕入れ金額は、全盛期の10分の1、ここ10年でも3～4分の1**です。

雑貨コーナーもほとんど動きません。たとえばシャンプーなんかは全然売れません。若い人は好みが決まっているので、うちでシャンプーはまず買いません。お年寄りはそれほどシャンプーを消費しないのです。その上、人が減っています。

来店客数は年々、目に見えて減っています。歩いて来れる人がいないのです。また、今まではなかったことですが、**仕入れている商品の賞味期限が切れてしまう**ことが起こるようになりました。こんなことは初めてです。

地域密着のよろずやからスタートしたやしまやの立ち位置は、**危機的な状況**に陥っています。

そんな中、台風被害の翌年に、長男の章太郎が後を継ぐため家へ帰ってきてくれました。八島家の五代目当主です。家族仲良く、共に仕事ができる喜びは、言葉で表すことができません。

かつて私の父も、私が帰ってきた時はこれほど嬉しかったのだろうと思うと、亡き父への思いも募ります。八島家はこうして代々、**子が親の後を継いで守ってきた**のでした。

しかし、やしまやは、いまお話ししたような存続の危機ともいえる状況を抱えています。

そんな中で帰ってきてくれた息子に、私は「店を継いで欲しい」とは考えていません。

それは妻の広子も同意見です。

地域密着店としてのやしまやに、存在意義がある限り、私は店を守り抜きます。

そして息子には、店を継ぐというより**「志を継いで欲しい」**と思っています。

やりたいことをやって欲しい。好きなことがあるなら打ち込んで欲しい。幸い、私や父の時代と違って今はネットがあります。どこにいても、アイディア次第でどんなことも挑戦できる時代です。

そのためにも、私自身が率先して新しいことを学び、挑戦することを心がけています。

そうすることで、**いま持っている資源を息子の代でどう活かせるかが、問われる**と思うからです。


この町で生まれ育ち、「哲郎さんとこの息子さん」と呼ばれて大きくなった息子は、やしまやに帰ってきてからも、どこへ行っても
「お父さんにそっくりだねえ」

と声をかけられます。

その声にはにかみながら、力仕事を率先してやってくれたり、ネットショップやホームページをサクサクと整えてくれる姿は、本当に頼もしく嬉しいものです。

**五代目のためにも、やしまやの未来を築いていこう**と、胸に誓います。

## ブランド力を上げる

私がいま積極的に取り組んでいるのは

「干し柿とタケノコのブランド力を上げる」

ということです。

丸森町の昔ながらの名産品である「干し柿」の商品価値をどうしたらもっと上げられるか。そう考え、パッケージを従来にはないものに変え、贈答用のラインナップを強化しました。

その中でも新しい試みが功を奏したのが、

**「干し柿とチョコのハーモニー♪いちころチョコ」**

です。バレンタイン用のギフトとしても人気です。

見た目からしてちょっと変わっています。

いちころチョコ

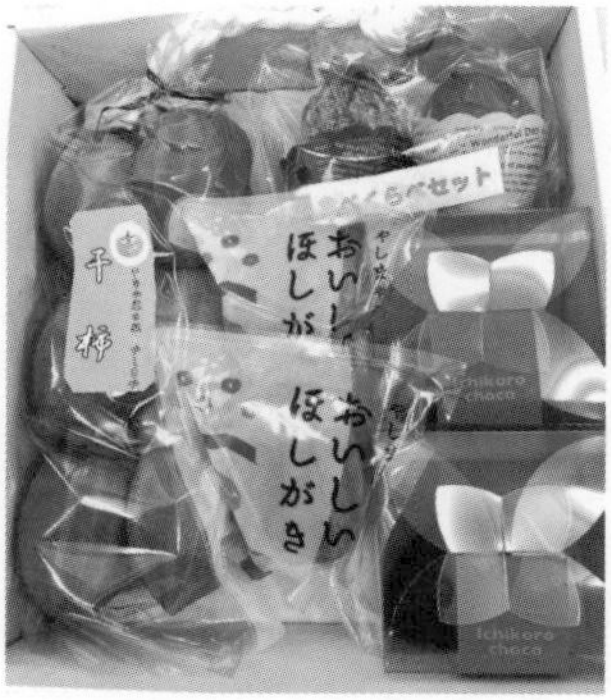


さまざまにデザインした
干し柿パッケージ

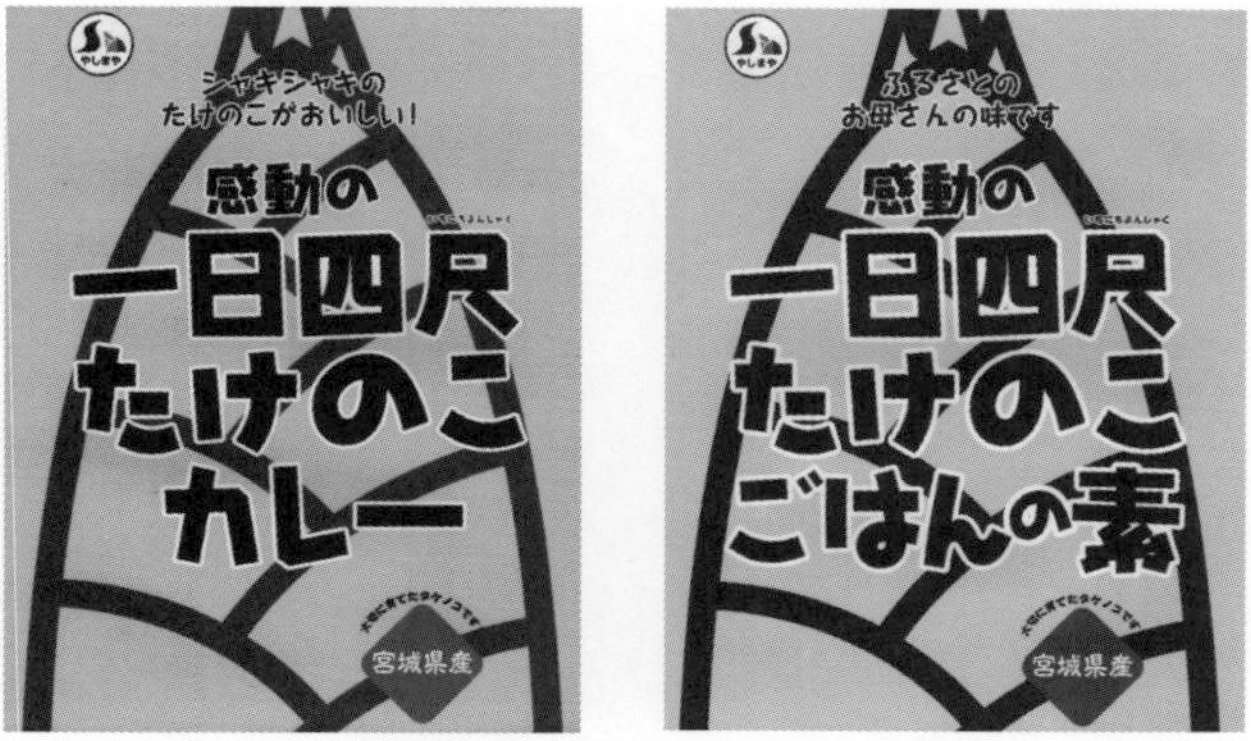


オリジナルで開発したカレーとごはんの素

「いちころチョコ」とは、「いち」ばん美味しい時期の「ころ」柿を、ビターなチョコで包んで**「あの人の心をイチコロにする」**という意味をかけています（また、ここにも私のネーミング好きが顔を出しました）。「ころ柿」というのは、この地域の干し柿の呼称の一つです。

タケノコは、**レトルトカレーとご飯の素をオリジナルで開発**しました。

「1日4尺」伸びる耕野のタケノコ。一尺は30・3センチですから、一日で120㎝も伸びます。それにちなんで、商品名は**「感動の一日四尺たけのこカレー」「感動の一日四尺たけのこご飯の素」**ぐんぐん伸び盛り、育ち盛りというイメージも人気をいただいています。

小さな田舎の店ですが、干し柿とタケノコを生産し、それを使った商品を製造し、小売をやる。**「6次産業化」**にささやかながら取り組んでいます。

これらの取り組みを評価していただき、令和4年には、農林水産省と内閣官房による「ディスカバー農林漁村（むら）の宝アワード」の個人部門で選定を受けました。
地道に一歩ずつ取り組んできたことを、評価していただけたことは大変ありがたく思っています。

また、最近は**「農業体験」**にも力を入れています。

私は、困った時にはいつもお客様に助けていただきました。
農作業には、面倒くさい単純作業や、できればやりたくない事がつきものです。
でも、お客様は、意外と喜んで手伝ってくださいます。

たとえば、柿の木の「粗皮（そひ）削り」というのがあります。
冬期間、柿の木の表面をカリカリと削って害虫の卵を落として死滅させる作業です。

これが途方もなく面倒くさいのですが、お客様は
「カリカリやりたい！」
と喜んで手伝ってくださるのです。

柿の収穫のあと、干し柿にするために皮をむく作業も膨大なのですが、それに没頭するのが楽しいと、お客様は言ってくださるのです。

私はここに、**発想の転換ポイント**があるのではないか、と考えました。

従来の農業体験といえば、お金をいただいてサービスを提供しますが、**農家の考える「作業」が、都会の人にとっては「非日常体験」そのものになる**のだと。

作業を通じて、店や商品に愛着を感じていただき、**当店のファンになっていただく**と良いのではないかと思ったのです。

農業体験を軸にして、丸森へ定期的に訪れてくださる方を増やすことができれば、そ

れはとりもなおさず丸森町のＰＲにもなります。

ですが、それればかりではありません。


**農業ってこうだよ、食べ物を作る仕事ってこうですよ、**と、皆さんに広くお伝えすることも、**私たち農家の使命**だと思うのです。


いつでもなんでもあって、安いものがいくらでもあって、それがずっと続くと思っていたら、消費者も不幸です。

実際、全国的に農家がどんどん廃業しています。やっても赤字が続くこと、高齢化で後継がいないことが理由です。

あと5年もしたら、タイムリミットがやってきます。食べ物が自国で作れなくなった時に慌ててもどうしようもないのです。

やしまやへ来てくださるお客様には、そういうお話もします。

そして、柿の枝葉を切り、収穫し、皮をむく作業を一緒にしながら、ゆるくつながっていただく。

触った感触、山を通り抜ける風、畑の作物や土《つち》のにおい。

**この「体験」こそが、私たちが提供できる「ここにあるもの」**ではないかと思うのです。

もはや地域の中だけでは、自分の地域に住む人たちを支えきれません。

私はこのような取り組みを通じて、この丸森にいながら、都会と田舎を結ぶ役割を果たしていきたいと思っています。

お人持ちの法則
第五の法則
あきらめずに道を進み続けて生きる　まとめ

◎「今あるもの」をどう活かすか考える
◎次の世代に何を渡していくか、常に意識する
◎世の中の課題を、自分の足元から解決しようと努める

# 第六の法則　日本じゅうに「お人持ち」を増やす

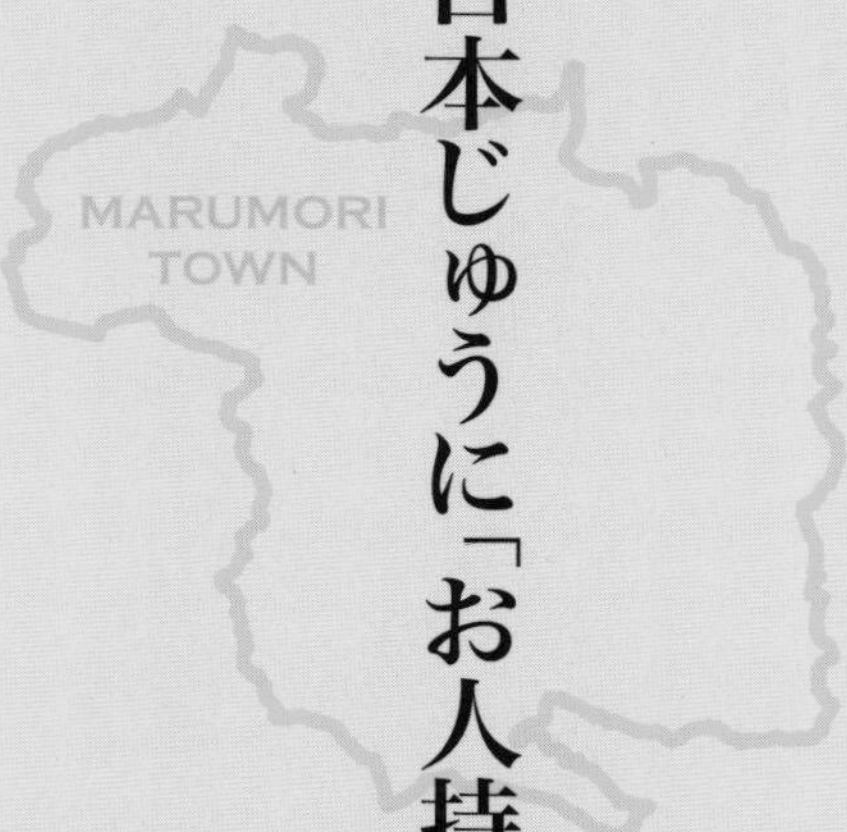

## まさかの還暦CDデビュー

突然、話が変わるようですが、私は昨年60歳で、シンガーソングライタ―としてデビューを果たしました。

**『郷土《さと》へ帰ろう』**

という曲です。

以前から音楽に興味を持っていましたが、ご縁があり、プロの作曲家の指導のもと、作詞・作曲にチャレンジする機会をいただきました。

ミュージシャンの山田直記さんに歌っていただきましたが、良い曲ができたので自分でも歌ってみようと、思いきってレコーディングし、配信とCDで世に出すことができたのです。おまけに家族がコーラスで歌っています。

この時も、私の思いはひとつでした。

自分が目立ちたかった訳ではありません（目立つのは嫌いではありませんが）。この本でもずっとお話してきた通り、私は**郷土《さと》を忘れず、郷土《さと》と共に生きる人を増やしたい。**その一念がずっと心の中を貫いています。

歌の力は絶大です。

百の理屈を語るより、1曲歌って聴いてもらったほうが、ずっと早いし、ずっと伝わります。

事実、この歌を発売した時、ラジオ番組が取り上げてくださったことがありました。

その後、やしまやを訪れたお客様が

**「ラジオ聴いて、ふるさとに帰りたくなったよ」「3年ぶりに帰ることにしたよ」**

とおっしゃってくださった方が、一人や二人ではありませんでした。

次ページのQRコードに、各配信サービスへのリンクがあります。もしよろしければお聴きください。あなたの郷土《さと》を想う心に届きますように。

# 郷土《さと》へ帰ろう

**作詞・作曲 八島哲郎**

1.
ミツバチ　コオロギ　セミ　ホタル
カナブン　クワガタ　オニヤンマ
追いかけ走った　いなか道
河原で探した青い石
今でも心のお守りだ

郷土《さと》へ帰ろう　生まれた郷土《さと》へ
大地が震えたあの郷土《さと》に
水が溢れたあの郷土《さと》に
何で帰る？と聞かれたが
そこが生まれた郷土《さと》だから

2.
カタクリ　ツユクサ　レンゲソウ
おふくろ　野に咲く花が好き
まだまだ1人で暮らせると
電話の向こうのから元気
今すぐその手握りたい

郷土《さと》へ帰ろう　生まれた郷土《さと》へ
影踏み　縄跳び　かくれんぼ
カバン放って　鬼ごっこ
校庭　裸足で駆けだした
木造校舎の夕間暮れ

3.
ソーラーパネルが山隠し
大きな風車が立ち並ぶ
手に入れたいもの数多あり
こぼれるものもまた幾多
郷土《さと》の未来に思い馳せ

郷土《さと》へ帰ろう　生まれた郷土《さと》へ
何も無いけど何かある
昭和の残るあの郷土《さと》へ
山　川　海の呼ぶ所
それが私の郷土《さと》だから

郷土《さと》へ帰ろう　生まれた郷土《さと》へ
大地が震えたあの郷土《さと》に
水が溢れたあの郷土《さと》に
何で帰ると聞かれたら
そこが生まれた郷土《さと》だから

郷土《さと》で暮らそう　生まれた郷土《さと》で
大地が震えたこの郷土《さと》に
水が溢れたこの郷土《さと》に
何で暮らす？と聞かれたが
ここが私の郷土《さと》だから

## お人持ちになって、増やして、繋がろう

お金持ちより、「お人持ち」。

これは真実だと思います。

どんなにお金を持っていても幸せではない人はいますが、人に恵まれていて不幸な人はいません。

自分ではどうにもならない災害が襲ってきた時も、将来的に予想を超える困難なことに直面した時も、助けてくれるのは、人です。人だけです。

私はいつも、人に恵まれ、人に助けられて生きてきました。

そう思って周囲を見回してみると、なんとまあ、**私の周囲にいかに「お人持ち」が多いことか。**

困った時にはお互いさま。仲間の役に立てることなら協力を惜しまない。

そんなお人持ちは、また別のお人持ちを呼び、繋がりあって支えあって生きているのだと思いました。

**「お人持ちの法則」は、八島哲郎の法則なのではありません。**

私とつながって、支えてくださる**全ての皆様の、幸せの法則**です。

そして、この本を手に取ってくださって

「支えあって生きるって素敵だな」

と感じてくださったなら、もうあなたは「お人持ち」です。

お人持ちにはすぐなれます。どんどん増えます。繋がりましょう。

もし、日常にちょっと疲れたなと思うことがあれば、ぜひ丸森のやしまやへ来て、柿の皮むきを手伝っていただけませんか？

いつでも、お茶を用意して、あなたをお待ちしていますよ。

## お人持ちの法則
## 第六の法則
## 日本じゅうに「お人持ち」を増やす　まとめ

◎お人持ちの法則は、八島哲郎の法則ではない

◎人と支えあって生きたいと願う、すべての人のための幸せの法則

◎お人持ちになって、増やして、繋がりましょう。いつでも待っています。

# あとがき

この本は、クラウドファンディングを通じた多くの皆様のご支援によって生まれました。

あの令和元年東日本台風の被害の時、救いの手をさしのべてくださった皆様のことを、どうしても記録しておきたい。

きっと、同じような災害に見舞われた地域の方々はもちろん、日本中のどこかでいずれ起きることの対処法として、少しでも参考にしていただけるのではないか。そんな思いがきっかけでした。

私の気持ちを受け取ってご支援くださった二百数十人の「お人持ち」の皆様のおかげで、この本を書き上げることができました。本当に感謝の気持ちでいっぱいです。ありがとうございました。

ところで、クラウドファンディングでは、３０００円のご支援のリターンでこの本1冊をお送りすることとなっています。

皆様の応援のお気持ちをさらに広げていこう、との出版社のご厚意があり、この本はなんと、定価を1冊３０００円（税込３３００円）とし、書籍売上の10%を、丸森町の復興支援活動に、出版社より寄付していただくこととなりました。

出版プロデューサーのまきりかさんのお陰で、この本を世に出すことができたことを心から感謝いたします。

加えて母、妻始め家族にも心から感謝しています。おかげで最高に幸せです。

この小さな1冊が、世の中をすぐに変えることはないかもしれません。

でも、この本をきっかけに「お人持ち」が集まり、つながりあう『渦』が、いつかきっと、私たちの世界を明るく照らしてくれると、願っています。

**八島 哲郎**

## ご協力くださった皆様（順不同）

- 清水 祐作 様
- 佐藤鉄工株式会社 様
- 百崎 満晴 様
- 八島 大祐 様
- ドングリブラザー 様
- 横山 博昭 様
- 窪田電気工事株式会社 様
- 木野村 英明 様
- いとこの八島 健 様

■堀田 一芙様
■大森 丈広 様(一般社団法人南三陸YES工房)
■おとなの学校グループ代表　大浦 敬子 様
■星 昭一 様
■株式会社 伊藤工務店 様
■宍戸 清信 様

**取材協力・写真提供**
■八島 孝男 様
■宍戸 研一 様

## 八島哲郎（やしま・てつろう）

1962年、宮城県丸森町生まれ。伊具高校商業科を卒業後、東京の（株）千歳商会に入社。祖父急逝の為、故郷に戻り「やしまや」の4代目となる。2010年、ド田舎に「いなか道の駅やしまや」をオープン。コンセプトはミニ道の駅。代表となる。

美味しいタケノコと干し柿を多くの皆さんの食卓に届けるのがミッション。懐かしい故郷の風景、人情も伝えたい。熱中小学校丸森復興分校生徒。エクスマ塾106期生。

いなか道の駅やしまや
https://koya8408.com/

八島哲郎
SNSリンク

編　集　まきりか
イラスト　下平　咲

「お人持ちの法則」
2023年10月12日　第1刷発行

著　者　八島哲郎

発行者　石川真紀子
発行所　海辺の出版社
〒253-0056
神奈川県茅ヶ崎市共恵1-1-5-3F
コープレイス茅ヶ崎
電　話　0467-67-6508
info@umibe.fun

デザイン・印刷・製本　宮崎印刷所

ISBN978-4-9911960-3-4
定価はカバーに表示してあります。